Jóvenes y creatividad
Entre futuros sombríos y tiempos de conquista

José Machado Pais
JÓVENES Y CREATIVIDAD
Entre futuros sombríos y tiempos de conquista

Título original en portugués: *Juventude e creatividade*
© José Machado Pais

© Del prólogo: Carles Feixa
© De la traducción: Meritxell Almarza
© Del capítulo 3, traducción de Mario Merlino
Corrección: Carmen de Celis

De la imagen de cubierta: Archivo Municipal de Lisboa
PT-AMLSB-CMLSBAH-PCSP-004-GAU-002180

© Imágenes del interior: Ricardo Venâncio, Ana Saúde, Farrajota, Pedro Manaças y Cláudio

Derechos reservados para todas las ediciones en castellano

© Ned ediciones, 2020

Primera edición: abril, 2020

Preimpresión: Moelmo SCP
www.moelmo.com

ISBN: 978-84-16737-89-5
Depósito Legal: B 190-2020

Impreso en Service Point
Printed in Spain

La reproducción total o parcial de esta obra sin el consentimiento expreso de los titulares del *copyright* está prohibida al amparo de la legislación vigente.

Ned Ediciones
www.nedediciones.com

Con la colaboración de:

ÍNDICE

Prólogo, *Carles Feixa* 9
Introducción 23
Agradecimientos 29
1. La esperanza en generaciones de futuro sombrío 31
   Jóvenes indignados 34
   Ancianos abandonados 39
   Complicidades, tensiones e imaginarios sociales 45
2. En busca de un Oeste: jóvenes inmigrantes 53
   Enigmas del Este europeo 55
   Entre tradición y posmodernidad 61
   Del brazo de Mihaela y Schütz 66
3. Ciudadanía y participación 89
   ¿Cara o cruz? 90
   Ciudadanía participada 98
   Fluidez, empatía, trayectividades 103
   Políticas de juventud: «el suelo que ellas (no) pisan» ... 110
4. Cómics: la oblicuidad en futuros por inventar 115
   La revelación del mundo en los cómics: talentos
      y socializaciones 123
   La alquimia de la interconectividad 134
   Creatividad y profesionalización 142

5. ¿De qué estará hecho el mañana de los jóvenes de hoy? 157
  Salir de la oscuridad: conectividades digitales 161
  El «mundo si»: crisis y futuros posibles 172
  Rumbos sociales y retos educacionales 177

Referencias 199

Prólogo
Hijo del fado: una conversación con José Machado Pais

El libro que el lector tiene en sus manos es la segunda obra traducida al castellano de José Machado Pais, uno de los sociólogos portugueses más influyentes, y un referente en los estudios culturales y sobre la juventud en Europa y América Latina. La primera obra en castellano fue el libro *Chollos, chapuzas, changas. Jóvenes, trabajo precario y futuro* (Pais, 2007), que también tuve el honor de prologar. Aquella obra era una monografía sobre las transiciones —e intransiciones— laborales de los jóvenes, a partir de estudios de caso biográficos que predecían los procesos de precarización y cambio en las concepciones del trabajo que se anunciaban, y que se convertirían en hegemónicas tras la crisis financiera de 2009. Este nuevo libro recoge cinco ensayos del autor en torno a otra de sus grandes obsesiones: la creatividad cultural de los jóvenes. Como el origen y sentido del mismo están explicados en la introducción del autor, pensé que, para ayudar al lector a entender el contexto en el que ha surgido la obra, lo mejor sería un prólogo en forma de diálogo entre ambos, para rescatar parte de la trayectoria de este autor fundamental, con quien me une una larga amistad. Ambos hemos seguido, de algún modo, trayectorias paralelas. Aunque este diálogo lo hemos hecho muchas veces en persona —en Lisboa, Lleida, Barcelona, Madrid, Valencia, Brasil, Argentina y otros lugares del mundo—, en este caso lo hemos llevado a cabo a través del ciberespacio.

***

Carles Feixa Pàmpols (CFP): ¡*Olá*, José! Creo recordar que entramos en contacto a fines de los años noventa, a través de un colega tuyo del Instituto de Ciências Sociais de la Universidad de Lisboa, Manuel Villaverde Cabral, a quien había conocido en un encuentro en París organizado por nuestra común amiga Lynne Chisholm, entonces presidenta del Research Committee 34 Sociology of Youth de ISA y tristemente desaparecida. Cuando me escuchó hablar de las tribus urbanas en España en la época de la transición, me habló de un sociólogo portugués que había investigado lo mismo en la misma época en Portugal. Te escribí y me enviaste tu libro *Culturas juvenis* (1993). Desde entonces no has parado de enviarme casi todos tus nuevos libros, que religiosamente publicas una vez al año, y que ocupan un estante entero en mi biblioteca. Enseguida me di cuenta de una curiosa coincidencia: tu libro se publicó el mismo año y trataba los mismos temas que mi primer libro importante: *La joventut com a metàfora* (Feixa, 1993), y tu libro *Gerações e valores na sociedade portuguesa* se publicó cinco años después (Pais, 1998), coincidiendo con mi libro *De jóvenes, bandas y tribus* (Feixa, 1998). Ambos estábamos influidos por la escuela de Birmingham, pero no aplicábamos mecánicamente los *cultural studies*, sino que los adaptábamos al contexto histórico y cultural de Portugal y Cataluña. Además, los dos empezamos a investigar a los jóvenes en una coyuntura histórica particular: las posdictaduras ibéricas en los años setenta: Portugal (1973) y España (1975). Para empezar, ¿podrías explicarme tus orígenes familiares y cómo viviste tu adolescencia y juventud en el Portugal de la transición democrática?

José Machado Pais (JMP): Mi familia tiene orígenes rurales. Mi abuelo paterno era el supervisor de un vizconde, y mi abuelo materno tenía una venta y un establecimiento para la producción y venta de herrajes. Además, eran pequeños terratenientes rurales. Mi padre hizo el servicio militar en Lisboa. Un día volvió a sus orígenes y, en una noche de luna llena, acompañado por un guitarrista, dio una serenata a la puerta de mis abuelos maternos. Sus cinco hijas se asomaron a la ventana, sin saber cuál era la que pretendía. Hasta que mi padre cantó un conocido fado: el fado de Carmencita, «la gitana más bella que un sueño, que una visión». Se enamoraron, se casaron, Carmencita vino a Lisboa y once meses después nací yo. Mi certificado de nacimiento podría indicar que también soy hijo del fado. Por casualidad o no, el primer libro que publiqué fue sobre la bohemia lisboeta de antaño, donde, desde mediados del siglo XIX, el fado comenzó a marcar una presencia muy fuerte en las tabernas frecuentadas por prostitutas (Pais, 1985). Nunca canté fado, pero sí me uní a algunos grupos musicales y, como el fado callejero, descubrí el gusto de deambular por el mundo. De joven usaba el ferrocarril. Era más barato.

El proceso de transición democrática acompañó mi transición a la edad adulta. A los 15 años comencé a cuestionar la dictadura de Salazar debido a un trauma amoroso. Estaba con mi enamorada en un banco del jardín cogidos de la mano. Simplemente cogidos de la mano. En esto, un policía se acercó, de malos modos, maldiciéndonos con sus manos levantadas. Sólo muchos años después descubrí la existencia de multas severas contra supuestas manos perversas que violaban la moral pública. Las multas evolucionaban en una escala de ofensas morales que, con razón, comenzaban por la mano y evolucionaban así: mano sobre mano; eso en la mano; eso en eso; detrás de eso y con la lengua en eso, el más penalizado de todos los ataques indecentes. ¡Créeme, Carles! Sólo estábamos con las manos entrelazadas. Un simple gesto de cariño. Lejos de mí la intención o la tentación de comenzar una carrera potencial como delincuente moral en un banco de jardín. Ya estudiante universitario, me gradué en Economía, y fui consolidando una conciencia política de oposición a un régimen que movilizó a sus jóvenes contra una guerra colonial irracional, de la que escapé por poco. Con emoción natural experimenté la revolución de los claveles el 25 de abril de 1974. Con el establecimiento de la democracia, descubrí que, como dijo Paulo Freire, liberación no es una palabra hueca o mítica; es una práctica orientadora para la transformación del mundo.

CFP: ¿Cómo pasaste de joven a juvenólogo? Es decir: ¿cómo te hiciste sociólogo de la juventud?

JMP: Las experiencias juveniles fueron decisivas. Cuando tenía 17 o 18 años tocaba en una banda de rock, los Song's Boys. De vez en cuando animábamos bailes de entidades recreativas. Allí tocábamos música romántica, propicia para parejas. Yo no quitaba los ojos de la pista de baile. El escenario era la ventana discreta de mis registros visuales. Sin saber cómo, el joven que era yo estaba creando una sensibilidad sociológica para capturar lo social. Una situación similar ocurrió con Pierre Bourdieu. Tenía orígenes rurales: nació en la región de los Pirineos Atlánticos y de joven asistió a bailes rurales. Su libro sobre el baile de los solteros, aunque publicado a principios del presente siglo (Bourdieu, 2002), recoge un largo artículo que apareció en 1962 en la revista *Études Rurales*, como resultado de sus observaciones juveniles.

Entonces, con la guitarra eléctrica en el hombro y los ojos bailando alrededor de las salas de baile, observé los rituales de aproximación, las estrategias de seducción, las formas y los enfoques corporales, los intercambios de miradas; en resumen, la magia de las interacciones sociales y sus simbolismos. Hice observación participante sin saberlo. O más bien, observación remota. Fue esta mirada al mundo del que formé parte lo que dio luz al juvenólogo que soy hoy, lo que me llevó a abrazar el mundo de las ciencias sociales. Por casualidad o no, uno de los primeros libros que publiqué fue sobre rituales de galantería en los círculos burgueses del siglo XIX

(Pais, 1986). El interaccionismo simbólico era el marco teórico de referencia, pero las observaciones en el salón de baile agudizaron mi imaginación sociológica. Años más tarde, en *Culturas juvenis* (Pais, 1993), volvería a interesarme por las citas de los jóvenes, sin olvidar los bailes de presentación en sociedad. La experiencia de la paternidad también fue un incentivo para pensar en los jóvenes a una escala más amplia. Un día, mi hija, de unos 12 años, que acababa de llegar de la escuela, me mostró una misteriosa hoja de papel, bien doblada, a cuyo acertijo me arrastró a su debido tiempo. Preocupada, quería mi consejo. Sabiendo que estaba investigando a los jóvenes, suponía que debía de tener una respuesta. Desplegué ansiosamente la hoja de papel con una tranquilidad mal disimulada. Era una carta para tener suerte en el amor. Con ese fin, tendría que dormir esa noche con la carta debajo de la almohada y escribir, en el pie izquierdo, el nombre del chico que más quería para ser su novio. Luego tendría que escribir seis cartas idénticas y dárselas a otros colegas. De lo contrario, sufriría seis angustias. «Papá, ¿qué hago?», me preguntó. Le dije que no se preocupara: era un juego de adolescentes. No me convenció la respuesta. Y a ella mucho menos. Tiempo después terminé escribiendo un libro sobre afectos y sexualidades juveniles (Pais, 2012). Quería saber más sobre la intimidad de los jóvenes. Interpretar el mundo es entregarse al mundo que se nos da. Entonces me convertí en sociólogo y en juvenólogo.

CFP: En 1998 organicé el primer *Fòrum d'Estudis sobre la Joventut* en la Universidad de Lleida, junto con otro amigo común, Joan Ramon Saura, entonces delegado de juventud de la Generalitat, y no dudamos en invitarte para hablar de la revolución de los claveles rojos, que tanta influencia tuvo en España. Recuerdo una conferencia espléndida en un aula magna llena de estudiantes, posteriormente publicada como artículo en varios libros editados por mí (Pais, 2000a; 2002). ¿Lo recuerdas?

JMP: ¡Sí, por supuesto! Jugaste un papel clave en el mapeo de los movimientos juveniles en la Península Ibérica y América Latina, al invitar a varios colegas a abordar el tema en dos publicaciones importantes (Feixa, 2002a; 2002b). Respondí a tu desafío y en esa reunión hablé de la revolución de los claveles rojos y la contribución de muchos jóvenes portugueses para hacerla posible. Lo que quedó en la historia fue el papel determinante, y de hecho innegable, de los capitanes de abril a medida que avanzaban con valentía para derrocar el régimen. Sin embargo, aunque no siempre es visible o valorado, la contribución de los jóvenes fue notable. La crisis académica que experimentó la universidad portuguesa en 1969 fue el primer gran enfrentamiento de los jóvenes con el régimen. Uno de los momentos de gran tensión política ocurrió en un partido de fútbol en Lisboa. Fue en la final de la copa portuguesa cuando el Benfica se enfrentó al Académica, un equipo de la Universidad de Coimbra, formado exclusivamente por estudiantes. La universidad estaba de luto por la represión policial contra los estudiantes. Cuando los equipos entraron en el campo, los jugadores del Académica aparecieron con sus capas negras de luto. El estadio estaba lleno, pero los presidentes del Gobierno y la República no aparecieron, ni la televisión oficial transmitió el partido. Se temía la oposición al régimen. Y apareció en el intermedio con carteles en la mano que decían: «Mejor educación, menos policía», «Universidad libre», «Democratización de la educación», etcétera. El juego se prolongó con tiempo extra, el Benfica ganó 2-1, pero muchos aficionados de este equipo lamentaron que el Académica no hubiera ganado la copa.

La guerra colonial en África también movilizó a muchos jóvenes a protestar. En la semana anterior al 1 de mayo, por la noche, los jóvenes pintaron las paredes de Lisboa con inscripciones contra el régimen: «Ningún soldado más hacia África», «Democracia ya», «Abajo el fascismo», «Fin de la guerra colonial» o «No somos carne de cañón». Los capitanes de abril sabían que los días anteriores a cada 1 de mayo la policía política vigilaba a los estudiantes. Luego, en 1974, una semana antes del 1 de mayo, decidieron seguir adelante con la revolución. Los jóvenes grafiteros, además de escribir mensajes de revuelta contra el régimen en las paredes, hicieron que la revolución fuera exitosa distrayendo a la policía.

CFP: En el año 2000 coincidimos en Lisboa, en la cumbre europea donde se presentó el *White Book on Youth*. Tú pronunciaste la conferencia inaugural del evento. ¿Cómo valoras las políticas de juventud en Europa y el papel de los investigadores en su diseño?

JMP: Recuerdo perfectamente ese evento, celebrado en el Parque das Nações, a orillas del Tajo. Había participado en Bruselas en reuniones preparatorias para el Libro Blanco y me invitaron a Lisboa para hablar sobre el futuro de los jóvenes europeos. El objetivo de la reunión, que congregó a investigadores y formuladores de políticas, era promover un diálogo entre ellos, con miras precisamente a la contribución de los investigadores en el diseño de políticas de juventud. La víspera del evento fui al lugar donde tendría lugar para asistir a un concierto de Oasis. Al encontrarme con un grupo de jóvenes cyberpunk, estuve pensando en el libro de Bruce Sterling *Mirrorshades*, una antología dedicada a Mozart y a sus lentes espejados. Metafóricamente, pensé que el futuro de los jóvenes se podía mirar con lentes similares. Quizás estas lentes permitirían reflejar imágenes de significados múltiples y camuflados de las culturas juveniles, o imágenes desconcertadas de las cuales también está hecho el futuro de muchos jóvenes. Hay un punto incuestionable. Los formuladores de políticas colocan el futuro en la ecuación de sus políticas de acción para tomar las mejores decisiones. Por eso, atraen a los investigadores. Pero también les crea un gran problema. No pueden poner el futuro en una bandeja y decirles: aquí tienes el futuro, bien sazonado, listo para ser consumido. Sería un error, viciado además por una contradicción. Intentar conocer el futuro es asumir que es conocible, es decir, que ya está determinado. Pero el futuro no está determinado, es una construcción. Aún más el futuro de aquellos que se dice que son el futuro; es decir, los jóvenes. Como Paulo Freire nos enseñó, la inexorabilidad del futuro es la negación de la historia. Por lo tanto, el futuro debe ser cuestionado en lugar de ser delimitado.

En el presente libro, me propongo precisamente un cuestionamiento del futuro que nos permita imaginarlo. De esa forma, hacemos presente el futuro. ¿Y cómo podemos imaginar el futuro? En la lógica de los sistemas que se autoconstruyen, es decir, reflexivamente. Las políticas de juventud europeas no han sido insensibles a este problema. Por ello, han buscado conexiones entre los responsables políticos, los investigadores y los representantes de los jóvenes. Las políticas de intervención pueden ser erróneas si no están ancladas en estudios rigurosos de la realidad. Sin embargo, por otro lado, es necesario tener en cuenta las expectativas que los jóvenes construyen con respecto al futuro y los obstáculos persistentes para su realización.

CFP: En 2007 se publicó tu primer libro en castellano, *Chollos, chapuzas, changas*, feliz traducción de *Ganchos, tachos e biscates* (Pais, 2001), y tuve el honor de escribir el prólogo. El tema del libro era el trabajo precario de los jóvenes y el modelo de «juventud yo-yo», que cito profusamente en mi libro *De la generación@ a la #generación* (Feixa, 2014). ¿Cómo ha cambiado el panorama del trabajo juvenil después de la crisis de 2009?

JMP: Hoy el trabajo ha perdido su relevancia como núcleo central para socializar y estructurar el curso de la vida de los jóvenes. En el modelo laboral fordista, el ciclo de vida se estructuraba en torno al trabajo: la preparación para el trabajo, a través de la escolarización, ocurría en la juventud; el ejercicio de una actividad profesional fue un marcador de la vida adulta; el abandono de la vida activa surgió en la vejez. El trabajo normalizó las fases de la vida, secuenciadas linealmente. Todo este panorama se ha transformado. En la senda del antropólogo Tim Ingol (2015) y su breve historia de las líneas, podríamos decir que la línea recta, un icono de la modernidad, dio paso a líneas rizomáticas fragmentadas, bifurcadas. Es por eso que los jóvenes, cuando se enfrentan con el mundo del trabajo, son artistas de la recomposición creativa, del reencantamiento de lo desechable, de las conexiones rizomáticas, de la creatividad fragmentaria. Es por eso que los jóvenes recurren a estrategias de *scratch*, oblicuas, la alquimia de la interconectividad, temas que desarrollo en el cuarto capítulo de este libro. El concepto tradicional de trabajo en sí mismo es cuestionable. En su poema «Menino do Mato», el poeta brasileño Manoel de Barros se refirió a las palabras desgastadas por su uso habitual. El trabajo es una de esas palabras estampadas por costumbre. Las nuevas culturas del trabajo han vuelto a resignificar el concepto al conectarlo con un nuevo espíritu creativo, internalizado por amplias capas juveniles.

Es cierto que en el panorama del trabajo juvenil persisten las vicisitudes asociadas con las desigualdades y exclusiones sociales. De hecho, el concepto de resiliencia está interviniendo cada vez más en las reflexiones teóricas sobre los dilemas de la sociedad actual, incluido el desempleo juvenil. Sin embargo, a los precarios tradicionales por exclusión ahora se unen los precarios por opción. En el primer caso, la supervivencia sólo es posible a través de trabajos ocasionales y mal pagados, cuando los hay. En el segundo caso, los caminos profesionales dan paso a la intermitencia y la precariedad, que se elige como una forma de vida. La movilidad profesional corresponde a una elección biográfica que no es exclusivamente de naturaleza profesional. Estudios recientes muestran que más del 60% de los profesionales de la generación *millennial* tienen una tasa de rotación significativa en el mundo de los negocios: en promedio, han experimentado más de cuatro trabajos hasta que cumplen los 30 años. Las empresas están comenzando a adoptar estrategias para retener a estos jóvenes. Entre ellos están los llamados *trendsetters*, jóvenes que, debido a su creatividad, lanzan nuevas tendencias en el campo de la moda, las artes, el diseño o el marketing, todos ellos muy conectados con la cultura digital. El relevante libro que publicaste sobre la juventud en la era digital (Feixa, 2014), al acentuar el acceso generalizado de los jóvenes a las tecnologías de la información y la comunicación, es una clara evidencia de los cambios incuestionables que se han producido en la sociedad contemporánea, que terminan reflejándose en el mundo del trabajo juvenil.

CFP: En 2009 tuve ocasión de invitarte a Buenos Aires a un foro de revistas de juventud, en el que coincidimos con otros investigadores latinoamericanos, como José Antonio Pérez-Islas. ¿Cuál ha sido la recepción de tu obra en Iberoamérica?

JMP: Tengo buenos amigos latinoamericanos, José Antonio Pérez-Islas es uno de ellos. En cuanto a la repercusión de mi trabajo en Iberoamérica, es mucho más expresiva en Brasil. Es natural que sea así. La mayoría de mis publicaciones están en portugués. Por otro lado, en mi universidad he recibido docenas de estudiantes de doctorado y profesores visitantes de Brasil. Muy pocos de otros países iberoamericanos. Lo que puedo decir con seguridad es que América Latina tiene un gran impacto en mi trabajo. Recientemente publiqué un artículo sobre la *chamarrita*, un baile de las islas de las Azores con fuerte presencia en toda la región del Río de la Plata, en América del Sur. Con una fuerte presencia en Rio Grande do Sul y Paraná (Brasil), la *chamarrita* —o *chimarrita*, como se conoce en Brasil— se extendió a Uruguay y la costa argentina que limita con Brasil, cubriendo toda la región de Entre Ríos y Corrientes. Entre 1864 y 1870, en la guerra paraguaya contra la triple alianza, que involucró a Brasil, Uruguay y Argentina, se convocaron y bailaron cantantes entre ganadores y perdedores de la guerra (País, 2018).

Lo que más valoro en los intercambios que tengo con colegas de Iberoamérica es la riqueza del conocimiento compartido, es la experiencia de la investigación como un regalo. También he aprendido mucho de artesanos, poetas y artistas. Gente del pueblo. Nunca olvidaré la lección que me dio un día un guía infantil de Olinda (Brasil). Me sorprendió por su profundo conocimiento histórico, desproporcionado para su aparente edad. Parecía tener unos diez años. Por curiosidad le pregunté la edad. Él me respondió: dieciséis años. Ante mi asombro, agregó: «¿Sabe, señor? Aquí, en Olinda, apenas envejecemos», lo que justifica las privaciones por las que estaba pasando y que se reflejaban en su fisonomía. Con el guía infantil aprendí que las etapas de la vida son parte de un campo de semántica social y simbólica. Es por eso que existe una variabilidad histórica en las representaciones sociales de las etapas de la vida. El otro día, hablando de los misterios de la vida, un poeta improvisador brasileño confesó: «Sólo comparo esta vida / con las curvas de la letra S. / Tiene una punta que sube, / hay otra punta que baja. / Las curvas que van en el medio / a todos nos barajan». Ahora, cada vez que uso el método biográfico, siempre busco las curvas de la vida que me ayuden a interpretarla. En otra ocasión visité a una ceramista paraguaya, Rosa Brítez, en su casa de arcilla en Itá. Me sorprendió la colección de figuras de arcilla apareadas, que reproducen el acto sexual en muchas posiciones diferentes. Le pregunté de dónde surgió la idea. La respuesta sonriente fue reveladora: «Tengo una experiencia de vida, tengo una tribu de hijos». Con Rosa Brítez, recientemente fallecida, aprendí que para descifrar los enigmas de la vida tenemos que abrir la caja fuerte de un tesoro de conocimiento. Contiene experiencias de la vida con todos sus misterios y significados. El tesoro es tanto más valioso cuanto más rica es la experiencia de la vida, es decir, cuanto más se prolonga el paso del tiempo en nosotros.

CFP: Nuestra ultima coincidencia se ha dado en la Universidad de Manizales, Colombia. En 2009 me concedieron el doctorado *honoris causa*. En 2018 te lo dieron a ti. También fuimos ponentes invitados en distintas ediciones de la Bienal Latinoamericana de Infancia y Juventudes. ¡Incluso tenemos índices h semejantes! Parece que nos vamos persiguiendo, ¿no?

JMP: En cierto modo, tenemos caminos paralelos y cruzados. Subvierten el principio matemático que sostiene que dos líneas paralelas no se cruzan. De hecho, al interpretar las trayectorias de la vida, lo que importa no es la línea recta sino la oblicua, su enredo, la red de relaciones sociales que estamos construyendo. En la línea de pensamiento del arquitecto brasileño Oscar Niemeyer, diría que no es el ángulo recto lo que me atrae, ni la línea recta, dura e inflexible; lo que me atrae es una curva libre y sensible. Por lo tanto, como Niemeyer (1998), valoro las curvas del tiempo. Es en estas curvas donde surgen los encuentros más inesperados. Las experiencias vitales más llamativas y potencialmente más reflexivas surgen de los giros de la vida, de las curvas de la letra S, a las que metafóricamente se refería el improvisador brasileño. En las curvas del tiempo, estoy feliz de haberte conocido en el camino. Nuestros caminos académicos terminaron entrelazándose de manera dialógica. Cuando en tu libro *La imaginación autobiográfica* (Feixa, 2018) hablas de la historia de la vida como dialógica, lo que encontraste en común en las biografías de dos revolucionarios catalanes, en el período de la guerra civil española, fue una base ética del compromiso político. Una base ética similar nos une en la forma en que hemos estado desarrollando nuestra producción científica y cómo se la damos a quienes nos leen. La vida es un gerundio, mucho más que un participio; un *faciendum*, mucho más que un *factum*; una existencia profundamente anclada a las experiencias de la vida que se enriquecen mutuamente. Los libros que escribimos y leemos son compañeros de nuestras andanzas compartidas.

CFP: ¡Qué final más poético y profundo! ¡*Muito obrigado*, querido amigo *en gerúndio*! ¡*Até dentro em breve*!

CARLES FEIXA

Bibliografía

Bourdieu, P. (2002), *Le bal des célibataires. Crise de la société paysanne en Béarn*, Seuil, París.

Feixa, C. (2018), *La imaginación autobiográfica. Las historias de vida como herramienta de investigación*, Gedisa, Barcelona.

— (2014), *De la generación@ a la #generación*, Ned, Barcelona.

— (1998), *De jóvenes, bandas y tribus*, Ariel, Barcelona.

— (1993), *La joventut com a metàfora. Sobre les cultures juvenils*, Secretaria General de Joventut, Barcelona.

—, Costa, C. y Pallarés, J. (eds.) (2002a), *Movimientos juveniles en la Península Ibérica. Grafitis, grifotas, okupas*, Ariel, *Barcelona*.

—, Molina, F. y Alsinet, C. (eds.) (2002b), *Movimientos juveniles en América Latina. Grafitis, grifotas, okupas*, Ariel, *Barcelona*.

Ingol, T. (2015), *Líneas. Una breve historia*, Gedisa, Barcelona.

Mendes de Almeida, M. I. y Pais, J. M. (2013), *Criatividade & Profissionalizaçao. Jovens, subjetividades e horizontes profissionais*, Imprensa de Ciências Sociais, Lisboa.

Niemeyer, O. (1998), *As curvas do tempo. Memórias*, Revan, Río de Janeiro.

Pais, J. M. (2018), «Chamarrita: uma chama da cultura açoriana na América Gaúcha», en *Todas as Artes: Revista Luso-Brasileira de Artes e Cultura*, 1(2), pp. 11-29.

— (2012), *Sexualidade e afectos juvenis*, Imprensa de Ciências Sociais, Lisboa.

— (2010), *Lufa-lufa quotidiana. Ensaios sobre cidade, cultura e vida urbana*, Imprensa de Ciências Sociais, Lisboa.
— (2007), *Chollos, chapuzas, changas. Jóvenes, trabajo precario y futuro* (*prólogo de C. Feixa*), Anthropos, Barcelona.
— (2006), *Nos rastos da solidão. Deambulações sociológicas*, Âmbar, Lisboa.
— (2002), *Sociologia da vida quotidiana*, Imprensa de Ciências Sociais, Lisboa.
— (2002), «Praxes, graffitis, hip-hop. Movimientos y estilos juveniles en Portugal», en Feixa, C., Costa, C. y Pallarés, J. (eds.), *Movimientos juveniles en la Península Ibérica. Grafitis, grifotas, okupas*, Ariel, Barcelona, pp. 13-34.
— (2001), *Ganchos, Tachos e Biscates. Jóvenes, Trabalho e Futuro*, Âmbar, Lisboa.
— (2000a), «Després dels clavells rojos. Moviment i estils juvenils a Portugal», en Feixa, C. y Saura, J. R. (eds.), *Joves entre dos móns. Moviments juvenils a Europa i a l'Amèrica Llatina. II Fòrum d'Estudis sobre la Joventut*, Secretaria General de Joventut & UdL, Barcelona, pp. 157-178.
— (2000b), «Transitions and youth cultures: forms and performances», en *International Social Science Journal*, 164, pp. 219-232.
— (2000c), «Culturas juveniles, ocios y estilos de vida», en Younis, J. A. (ed.), *Ni diferentes ni indiferentes: los jóvenes en el mundo de hoy*, Gobierno de Canarias, Las Palmas, pp. 112-132.
— (1999), *Traços e riscos de vida*, Âmbar, Lisboa.
— (1998), *Gerações e valores na sociedade portuguesa*, Secretaria de Estado da Juventude, Lisboa.
— (1993), *Culturas juvenis*, Imprensa Nacional Casa da Moeda, Lisboa.
— (1986), *Artes de amar da burguesia. A imagem da mulher e os rituais de galanteria nos meios burgueses do século XIX em Portugal*, Instituto de Ciências Sociais da Universidade de Lisboa.
— (1985), *A prostituição e a Lisboa Boémia do século XIX aos inícios do século XX*, Querco, Lisboa.
— y Blass, L. M. (coords.) (2004), *Tribos urbanas. Produção artística e identidades*, Imprensa de Ciências Sociais, Lisboa.

Introducción

En plena Segunda Guerra Mundial, poco antes de fallecer, Karl Mannheim publicó un estimulante libro titulado *Diagnóstico de nuestro tiempo*. Probablemente, Mannheim no imaginaba que el libro permanecería en la historia como una profecía. Sin embargo, algunos descubrimientos de su diagnóstico no han perdido validez. Según Mannheim (1946: 41), «la juventud pertenece a esas fuerzas latentes que cada sociedad tiene a su disposición y de la movilización de las cuales depende su vitalidad». Lo que nos sugiere Mannheim en su diagnóstico es que, en tiempos de crisis, los jóvenes pueden desempeñar un papel relevante en la revitalización de la sociedad y en el descubrimiento de nuevos rumbos sociales. Y también, sin duda, en el cuestionamiento de dilemas y desafíos que la sociedad y los propios jóvenes enfrentan.

Así sucedió en la década de 1960 con una avalancha de importantes movimientos juveniles, en los que los estudiantes universitarios asumieron un papel de liderazgo. Basta recordar las movilizaciones estudiantiles que se extendieron de París a Praga, pasando por Roma, Madrid, Barcelona, Lisboa, Varsovia y Berlín. Lo que sorprende es que estos movimientos ocurrieron espontáneamente en diferentes contextos políticos, económicos y sociales. A finales de marzo de 1968, Edgar Morin, en una célebre conferencia realizada en Milán («Protesta e Partecipazione della Gioventù in Europa»), formuló una hipótesis interesante para explicar esa coincidencia: rasgos comunes de un devenir histórico habrían provocado isomorfismos en diferentes latitudes geográficas. Uno de esos rasgos se destacaba: la vasta presencia y el liderazgo de jóvenes universitarios. De hecho, Morin nos alertaba sobre una acentuada «peninsularización» universitaria en la que los jóvenes contestaban valores dominantes de la sociedad, a la par que reivindicaban derechos de participación política hasta entonces reservados a los adultos. En este caldo de cultivo que el mundo estudiantil estaba generando, emergieron importantes corrientes juveniles contestatarias lideradas por los propios jóvenes.

Con la crisis económica de 2008, los movimientos juveniles se agitaron de nuevo. Es más, la situación de precariedad laboral que ya se vivía a finales del siglo pasado no le pasó por alto a Bourdieu, que en su libro *Contrafuegos* (1999) escribió un capítulo significativamente titulado «Actualmente la precariedad está en todas partes». Es cierto que la precariedad estaba por todas partes, pero entonces los jóvenes no revelaban una conciencia de clase tan expresiva como lo harían posteriormente. Los tiempos han cambiado y los jóvenes precarios ahora se ven como una «nueva clase peligrosa» (Standing, 2013) porque se han atrevido a indignarse (Van de Velde, 2011; Feixa y Nofre, 2013), ocupando las calles y las plazas públicas con manifestaciones y campamentos, clamando por trabajo y un nuevo orden social, reivindicaciones que han sensibilizado a las generaciones más mayores, socialmente más desprotegidas. Como veremos más adelante, los dos primeros capítulos sobrevuelan realidades sociales generadoras de futuros sombríos. Los otros tres se centran más en el tema de la creatividad juvenil.

El capítulo 1, «La esperanza en generaciones de futuro sombrío», muestra que, independientemente de la generación a la que se pertenece, las trayectorias de vida de muchos jóvenes y ancianos se caracterizan por un futuro incierto e imprevisible. Entre los más afectados por la crisis están las que podemos denominar generaciones con un futuro sombrío: los jóvenes sin expectativas de futuro, pese a tener un alto nivel de escolaridad, y los ancianos con una alargada esperanza de vida a la que no le encuentran sentido. Al analizar las ansiedades de la edad, provocadas por frustraciones y temores con relación al futuro cuando el presente carece de esperanza, aportamos datos de estudios europeos y análisis de casos centrados en jóvenes ibéricos.

El tiempo atrincherado entre futuros sombríos y tiempos de conquista lo sienten y sufren particularmente los jóvenes que abandonan su país de origen en busca de un futuro mejor que, en su propio país, no logran alcanzar. En el capítulo 2, «En busca de un Oeste: jóvenes inmigrantes», acompañaremos a Mihaela, una joven rumana que decidió marcharse a Lisboa para darle un nuevo rumbo a su vida. Rumanía nos ofrece un ejemplo de las tensiones que ocasionan las asimetrías sociales y que impelen a los jóvenes a marcharse del país, especialmente cuando las fuerzas de la tradición entran en conflicto con las de la posmodernidad. Del brazo de Mihaela y del sociólogo Alfred Schütz, cuyas contribuciones teóricas nos acompañan, veremos que el futuro de los inmigrantes se coloca en el mapa como si también fuera un país extranjero.

El capítulo 3, «Ciudadanía y participación», nos revela la inquietud de los jóvenes con relación a las formas arcaicas e insatisfactorias de participación social, que nos instigan a cuestionar y redefinir el concepto de ciudadanía y a problematizar el significado de su ejercicio. ¿Cómo pueden convivir los derechos universales con los derechos de una parte de la población que, como los jóvenes, abraza modos de vida que exigen pluralidad, diferencia, identidad e individualidad? Lo que se discute es el significado de una ciudadanía fluida y empática, compuesta de trayectividades, en la que resalta el deseo de participar, protagonizar y evadirse, como sucede en algunas culturas juveniles. Los jóvenes exigen una ciudadanía innovadoramente participada que reconozca no sólo los derechos establecidos, sino también los conquistados, una ciudadanía abierta al poder inventivo de los márgenes.

La creatividad juvenil no surge sólo en el dominio cultural, sino que salta a otros dominios, como el profesional. En el capítulo 4, «Cómics: la oblicuidad en futuros por inventar», veremos cómo la creatividad de los jóvenes recurre a estrategias oblicuas, tan queridas por el poeta portugués Fernando Pessoa. La oblicuidad, propia de la creatividad y del saber interpretativo de los mundos ficticios de las historietas, la utilizan los jóvenes amantes de los cómics como un capital cultural al profesionalizar su creatividad, desarrollando su capacidad —hecha de astucias y sagacidades— para interconectar acontecimientos, circunstancias, ideas y oportunidades. Esa creatividad, reivindicada y cultivada como expresión de sus subjetividades, transita, oblicuamente, del dominio de la vocación al de la profesión. De la misma forma que las historietas constituyen un arte secuencial, las trayectorias profesionales de los jóvenes también exploran secuencias que alcanzan, por oblicuidad, consecuencias inesperadas. Los objetivos surgen, oblicuamente, como desafíos impuestos por descubrimientos realizados durante el trayecto, haciendo el camino al andar.

El capítulo final del libro no tiene la pretensión de darlo por terminado, sólo presenta una interrogación para que reflexionemos sobre ella: «¿De qué estará hecho el mañana de los jóvenes de hoy?». De esta pregunta, que implícitamente está presente a lo largo del libro, se desprenden otras. ¿Dónde está el futuro? ¿Cómo agarrarlo o hacerlo aparecer? ¿El futuro existe como el supuesto recelo de perder lo que nos hace creer, anticipando su existencia? ¿Cuál es el futuro del futuro cuando deja de serlo y se hace presente? Con estas y otras interrogaciones en la cabeza, viajaremos por África y Latinoamérica en busca de futuros posibles, imaginados, anticipados, inventados, planeados, temidos. Evidentemente, en la ecuación del futuro introduciremos las oportunidades que las culturas digitales ofrecen y los desafíos educativos que implican nuevos rumbos sociales. El valor de la interrogación «¿De qué estará hecho el mañana de los jóvenes de hoy?» dependerá de su capacidad para abrirnos la mente. No tiene el propósito de encontrar respuestas que detengan las ganas de querer saber más. El desafío más estimulante es el de movilizar el pensamiento para reflexionar sobre el mañana que podemos construir con los jóvenes.

Agradecimientos

Los capítulos de este libro reproducen, con algunas adaptaciones, textos ya publicados en lengua portuguesa. Son los siguientes: «A esperança em gerações de futuro sombrio», publicado en la revista *Estudos Avançados* de la Universidade de São Paulo (2012, vol. 26, n.º 75, pp. 267-280), que constituye el capítulo 1; «Em busca de um Oeste: jovens imigrantes do Leste», que forma parte de mi libro *Nos rastos da solidão*, publicado por Âmbar (2006, pp. 313-346) y que aquí se reproduce en el capítulo 2; «O mundo aos quadradinhos: o agir da obliquidade», que forma parte del libro que coordiné junto con Maria Isabel Mendes Almeida, *Criatividade, Juventude e Novos Horizontes Profissionais*, publicado por la editorial Zahar (2012, pp. 143-185) y que aquí compone el capítulo 4. El capítulo 3 se publicó en lengua española con el título «Jóvenes, ciudadanía y ocio» en el libro compilado por René Bendit, Marina Hahn y Ana Miranda, *Los jóvenes y el futuro. Procesos de inclusión social y patrones de vulnerabilidad en un mundo globalizado*, publicado por Prometeo Libros (2008, pp. 275-298). El autor agradece que estas revistas y editoriales hayan permitido que se vuelvan a publicar dichos textos. El último capítulo amplía las reflexiones presentadas y debatidas en los siguientes eventos: II Jornadas de Investigación de Estudios sobre Juventud, organizadas por el Centro Reina Sofía de Adolescencia y Juventud, Fuenlabrada, Madrid, 2017; III Coloquio Internacional de Ciencias Sociales de la Educación Infantil y Juvenil en la Sociedad y Educación

Contemporánea, organizado por el Instituto de Educación de la Universidad del Miño, Braga (Portugal), 2018; III Bienal Latinoamericana y Caribeña de Infancias y Juventudes, organizada por CLACSO (Consejo Latinoamericano de Ciencias Sociales), Manizales, Caldas (Colombia), 2018; Conferencia Magisterial organizada por el Sindicato Nacional de Trabajadores de la Educación de México, Zacatecas, 2018.

1. La esperanza en generaciones de futuro sombrío

Aunque esté centrado en la realidad portuguesa y europea, este capítulo presenta cuestiones que pueden pensarse a escala global y, sin duda, a escala iberoamericana. Propone reflexionar sobre generaciones que no creen en el futuro o que lo temen, en un contexto de creciente imprevisibilidad del curso vital. Datos de la Encuesta Social Europea (Pais y Ferreira, 2010) sugieren que existe una disonancia entre las representaciones sociales de los marcadores de edad de distintas fases de la vida (juventud, adultez y vejez) y los itinerarios de vida, que a menudo entran en conflicto con esas representaciones. Es decir, lo ideal, tomado como un *topos* (del griego *tópos*, lugar) de convenciones, choca con lo real, abierto a los *tropos* (del griego *tropos*, desvío) de los cursos de vida. Aunque las fases de la vida sean relativamente consensuales como *topografías* ideales, las trayectorias de vida —sujetas cada vez más a indeterminaciones, ambigüedades y anomias— se dan en *tropografías* reales. La idea de *tropos* remite a situaciones de «liminalidad», un campo de posibilidades para hacer «juegos malabares con los factores de la existencia» (Turner, 1981: 118). Esta tensión o falta de coincidencia entre *topos* sociales y *tropos* biográficos —o, si queremos, entre expectativas y trayectos de vida— puede teorizarse como una *disritmia* (Barthes, 2003: 52), a menudo asociada a crisis de identidad, cuando la realidad deniega los futuros idealizados. En estas ansiedades de la edad es donde fermenta la incredulidad en el futuro. Las disritmias suceden en varios contextos y fases de la vida: ya sea entre jóvenes —tanto con relación a lo que se espera de ellos como a lo que ellos esperan de sí mismos y del futuro— o entre ancianos, socialmente desvinculados o con dificultades para sobrevivir.

Los europeos no rechazan la influencia de modelos tradicionales que organizan cronológicamente las etapas del curso de vida y que hacen que las edades aparezcan estratificadas en función de determinados estatutos y papeles (Cavalli y Lalive d'Epinay, 2008). Sin embargo, la relativa estandarización en la manera de representar idealmente las fases de la vida choca con una creciente desestructuración de las trayectorias de vida. Para dar un ejemplo: la democratización de la enseñanza generó un consenso normativo con relación a la escolaridad obligatoria y al alargamiento de las trayectorias escolares. Pero el aumento de las expectativas de realizarse profesionalmente y de ascender socialmente no impide —todo lo contrario— la frustración asociada a su fracaso. Es decir, las representaciones de las fases de la vida sugieren una normatividad que, sin embargo, choca con la realidad vivida, provocando disritmias entre lo idealizado y lo realizado, dadas las dificultades de concretizar las perspectivas de transición deseadas (Brannen y Nilsen, 2002: 513-537). En varias fases del curso de vida, los índices de entropía aumentan como resultado de una combinación heterogénea o indeseada de estatus sociales transitorios y precarios (Vieira y Gamundi, 2010).

Entre los jóvenes, la entropía puede llevar a movimientos sociales generados por sentimientos de indignación. Ni el sistema educativo ni el mercado laboral parecen ser capaces de garantizar que los jóvenes puedan hacer realidad sus aspiraciones. Con dificultades para entrar en el mercado laboral, los acosan sentimientos de desilusión e incredulidad y son incapaces de imaginar un futuro con esperanza. Algunos padres hacen grandes inversiones en la formación académica de sus hijos con la expectativa de que puedan encontrar trabajo más fácilmente y puedan ser independientes. Pero lo que se observa es que muchos permanecen en casa de sus padres, sin trabajo y dependientes económicamente de ellos. Es probable que nos encontremos ante la primera generación posterior a la Segunda Guerra Mundial (1939-1945) que tenga expectativas de descender socialmente (Bauman, 2013). De hecho, aunque los jóvenes integren la llamada «generación del futuro», muchos no consiguen vislumbrarlo y se arrastran en un presente con déficit de esperanza. Entonces, se genera un sentimiento de *frustración relativa* (Gurr, 1970), concepto usado para designar un estado de tensión asociado a una satisfacción esperada pero denegada. La frustración surge como un saldo negativo entre el reconocimiento y el prestigio que un individuo tiene en un determinado momento y el que piensa que debería tener. En casos extremos, este sentimiento de frustración relativa puede dar origen a la desilusión, al aislamiento, a la depresión, a la propia soledad, excepto cuando las redes sociales, particularmente las familiares, actúan como cojines protectores.

Por otro lado, algunos ancianos han perdido casi toda una vida intentando ganársela, es decir, acumulando, con sacrificios, escasos ahorros para poder vivir una vejez tranquila. ¿Y qué sucede? Se ven obligados a jubilarse tardíamente, con pensiones miserables. Muchas veces se ven abandonados, entregados a la soledad, inmersos en esa frustración relativa que resulta de proyectos anticipados (una vejez tranquila) y denegados (una vida sin sentido). En estas circunstancias, la esperanza con relación al futuro se va apagando o se anula por la fuerza del miedo y de la angustia. Heidegger, en *El ser y el tiempo* (1993), trazó una apropiada distinción entre estos sentimientos. El miedo se refiere a un hecho preciso, siempre circunscrito y nombrable. Por ejemplo, el miedo a que te atraquen. Por otro lado, la angustia no tiene una causa desencadenante precisa, corresponde a un miedo generalizado e indeterminado al rechazo, un miedo a existir (Gil, 2005).

Jóvenes indignados

¿Qué significado podemos atribuir a las manifestaciones de los denominados jóvenes indignados que, en 2011, estallaron por toda Europa y otras partes del mundo? Aunque existan múltiples determinantes que vinculan culturas localizadas (Gupta y Ferguson, 1997) a movimientos transnacionales (Hannerz, 2005), la indignación de muchos de los jóvenes que participaron en esas manifestaciones parece corresponder a un desajuste entre expectativas y recompensas (Klandermans, 1984). En los carteles de la manifestación del 12 de marzo de 2011 en Lisboa destacaba una clara frustración con el desempleo y la precariedad laboral: «Mi crisis es la precariedad», «Precariedad no es futuro», «Precarios nos quieren, rebeldes nos tienen». Los carteles que levantaban los estudiantes universitarios también expresaban sentimientos de indignación por una comprobada devaluación de los títulos académicos: «Cualificado y desempleado», «Licenciado en esclavitud», «Licenciada = desempleada», «Con licenciatura, con máster, con novio / Sin empleo, sin matrimonio, sin futuro». Entre los jóvenes concentrados en la Puerta del Sol de Madrid (Movimiento 15M), la frustración era semejante: «Se vende trabajador. Sueldo mísero, condiciones indignas», «Juventud sin futuro, sin casa, sin curro, sin pensión, sin miedo», «Tanto estudiar para ser el más listo de la cola del paro».

El reconocimiento de la precariedad aparece asociado a una incredulidad con relación al futuro. Está en juego no sólo el futuro personal («¡Quiero ser feliz, joder!», «¡Basta de sobrevivir! ¡Queremos vivir!», «¡Así no se puede!», «A este paso sólo seré padre a los 40»), sino también el futuro del país («Queremos un futuro para los niños y jóvenes», «El país cerrará por obras», «¿Y nuestro futuro, tío?»). Entre los jóvenes indignados encontramos un rasgo identificado por Blumer (1951) en sus pioneras reflexiones sobre los movimientos sociales: inquietud y frustración ante las condiciones de vida, pero, a la vez, una llama de esperanza todavía viva, un deseo de cambio claramente señalado en muchos carteles del campamento en la Puerta del Sol de Madrid: «De cuando en cuando es necesario vivir de los sueños, y más cuando esos sueños pueden cambiar una vida entera», «¡Podrán callar a los idealistas pero nunca podrán callar los ideales!», «¿Quién dijo que otro mundo no era posible?», «¡Indígnate! ¡Lucha! ¡Actúa! Hay más razones para moverse que para quedarse parado», «Por un mundo nuevo, el del triunfo del amor contra el miedo. Enamoradas del cambio». En los campamentos de Lisboa y Madrid —aunque con una representatividad difícil de determinar— resurgen propuestas de comunitarismo que indican un nuevo orden social. Eran abundantes los llamamientos al desarrollo sostenible: productos naturales, huertos biológicos, materiales reciclados. Se reclamaba el «derecho a la semilla», a cuidar de la tierra, una vida en comunidad. Mitos neorrománticos de comunitarismo que coexisten con la defensa de los espacios de autonomía, pluralidad y diferencia, atributos de los movimientos sociales contemporáneos (Cohen, 1985). En ellos hay una «frontera crítica», un punto de ruptura que se alcanza por una acumulación (cuantitativa) de tensiones y una percepción (cualitativa) de esa misma frontera (Melucci, 2001: 58). Todo tiene que ver con la forma como el futuro se anticipa, con la esperanza que se deposita en él: «No nos quitarán nuestros sueños»; «¿Para qué sirve la utopía? Para eso sirve: para caminar», «Si sueñas que otro mundo mejor es posible, si tienes esperanza y si luchas por ello..., ¡entonces es que estás vivo!».

Son muchos los jóvenes que se imaginan en el futuro como si quisieran jugar con él, alimentándolo de ilusiones. Curiosamente, la raíz etimológica de «ilusión» se encuentra en la palabra latina *ludere*, que no por casualidad viene de *ludus* (juego). Se juega con las ilusiones en el futuro cuando se tiene la capacidad de imaginarlo.

Entre los jóvenes indignados, las frustraciones que sienten no llegan a anular la esperanza, aunque el futuro sombrío desencadene sentimientos de incredulidad. Si la capacidad para imaginar el futuro falla, se crea un refugio en el presente. En los motines y saqueos en los suburbios de Londres (agosto de 2011), que se extendieron a otras ciudades inglesas (Birmingham, Manchester, Gloucester, Nottingham, Bristol y Liverpool), jóvenes encapuchados incendiaron coches y edificios, saquearon tiendas y lanzaron contra la policía botellas, piedras, ladrillos y cócteles molotov. ¿Cómo se explica la destrucción y los saqueos, el robo de zapatillas, ropa de marca, gafas de sol, televisores de plasma, móviles y bebidas alcohólicas? Sin duda, se trata de un consumismo desenfrenado, una violencia descontrolada, un eventual sentimiento de impunidad, pero también la ausencia de perspectivas de futuro y un odio inmenso, evidente en los gestos, actos y palabras de algunos jóvenes: «¿Sabéis por qué lo hacemos? ¡Porque os odiamos!». Es importante convocar la historia para explicar estos disturbios y también los que provocaron los jóvenes de los suburbios de París en 2005, en los que se incendiaron unos 8000 coches, una violencia que se repitió los años siguientes. Las carreras clandestinas con coches robados que organizaban los jóvenes de Vénissieux en 1981 no eran sólo simples actos de delincuencia. Eran conductas provocadas por un sentimiento de exclusión, por una incapacidad de anticipar el futuro, por una desesperanza con marcas de anomia social. Por eso, marcando las diferencias, «si la generación del *baby-boom* tuvo algún privilegio no fue su nivel de consumo ni su libertad, sino su confianza en el futuro» (Dubet, 2011: 14). Esa confianza falta hoy en muchos jóvenes que no tienen esperanza en el futuro. La rabia destructora que barrió los suburbios de París, y posteriormente de algunas ciudades inglesas, rehúye explicaciones sociológicas deterministas. Dubet (2011: 50) identificaba un «malestar» entre esos jóvenes alborotadores, pero enseguida señalaba que la causa de ese malestar parecía encontrarse «en todas partes y en ninguna». Y se encontraba, de hecho, en la segregación urbana, en los sueños de consumo, en el fracaso escolar, en la violencia destructora, en el desempleo, en las desigualdades sociales. En ese caldero de sucesos es donde hierve el «malestar» de jóvenes sin esperanza en el futuro, sin capacidad siquiera de imaginarlo.

Si comparamos las concentraciones de los jóvenes indignados (Feixa y Nofre, 2013) con los disturbios de los jóvenes de Londres constatamos que en ambos casos hay una «hiperreferencialidad grupal» (Unda, 2011), pero con una diferencia. Mientras que en los disturbios de Londres parece que hay un déficit de ideales y de referentes sociales, entre los jóvenes indignados esa hiperreferencialidad es transnacional, se manifiesta en una inconformidad social que se proyecta en una crítica anclada en valores e ideales sociales (Castells, 1998). Es decir, en los disturbios de Londres, la hiperreferencialidad es de naturaleza *intragrupal*, que resulta en una exaltación endogámica de referentes de marcado carácter instrumentalista, como el de la violencia gratuita. Por otro lado, con los jóvenes indignados —que también se manifestaron en varias ciudades inglesas—, estamos ante una identificación transnacional que se centra en valores sociales y símbolos de comunión, como las tiendas de campaña («*yes, we tent*») o las propias máscaras de los autodenominados Anónimos. ¿Cómo interpretar la aparición de estas máscaras en las manifestaciones? Al igual que los mitos, las máscaras no se explican por sí solas. Para revelar lo que ocultan es necesario descifrar sus enigmas. ¿De qué forma? Estudiando los usos que se hacen de ellas. Sabemos que los jóvenes se apropian de la máscara que simboliza el personaje de una novela gráfica, *V de Vendetta*. Los cómics los escribió en la década de 1980 Alan Moore y los ilustró David Lloyd, y posteriormente se adaptaron al cine. La máscara representa a Guy Fawkes, un conspirador católico inglés que planeó derribar el Parlamento con explosivos. Lo detuvieron el 5 de noviembre de 1605 y después lo ejecutaron. La máscara de la que se han apropiado los Anónimos conecta simbólicamente a quienes la llevan, como referente de identificación. Con unos rasgos aparentemente inexpresivos, bajo la máscara pueden circular intercambios emocionales y afectivos, constitutivos de una comunidad, de un «nosotros» cuya bandera es la máscara, una inversión emocional de conexión.

Lo que realmente hicieron tanto los jóvenes indignados que se manifestaron pacíficamente como los que promovieron disturbios fue anunciar o corroborar la existencia de problemas que se inscriben en una estructura social marcada por fuertes asimetrías y desigualdades. Por eso, se les puede imputar la «función profética» (Melucci, 1985: 797). Con una diferencia: unos utilizan la violencia como corolario del acorralamiento en un presente sin horizontes de futuro, sin esperanza; otros utilizan el poder de la palabra como un presagio del devenir. El poder de la palabra cantada, de la palabra indignada, de la palabra ampliada por megáfonos. Pero también de la palabra escrita en comunicados, carteles y manifiestos. De la palabra artísticamente escrita en los grafitis de los muros de la ciudad. En fin, de la palabra denunciadora (de un presente para olvidar) y anunciadora (de un futuro por conquistar). A su manera, son «profetas del presente» (Melucci, 2001), de un presente que, aunque sea producto de una crisis, también puede ser productor de un advenir (porvenir). Ahí hay lugar para la esperanza, ya que se mueve por la fuerza del deseo (Bloch, 1977), por inquietudes que instan al inconformismo (Bloch, 1993), por una voluntad de cambio (Gimbernat, 1983). En este universo caben experiencias que señalan nuevos rumbos sociales, formas diferentes de vivir y de pensar, vínculos innovadores entre política y cultura. Sólo la pérdida de la esperanza puede originar una denegación del futuro, una regresión enfermiza y obsesiva con relación al presente, desnudo de poder de decisión. Como veremos a continuación, ese síndrome, aunque vivido de forma diferente, lo sufren también los ancianos cuando se ven desprovistos de su capacidad de soñar con el futuro. En el camino del fatalismo.

Ancianos abandonados

Entre algunos mayores, refugiarse en la religión parece ser una forma de dar sentido a la vida. Es lo que indica el análisis tipológico de los datos de un estudio sobre las actitudes frente a la religión, en el ámbito del Programa Internacional de Encuestas Sociales (Pais *et al.*, 2000). El grupo que reunía una representación más elevada de ancianos discapacitados y viudos, de clase social baja y con salarios reducidos, era también el grupo que congregaba los indicadores más expresivos de religiosidad, creencia y fe: creencia en Dios y en los milagros; creencia en el cielo; creencia en la vida después de la muerte y otras creencias populares (que los amuletos dan suerte; que hay videntes que consiguen prever el futuro; que hay curanderos que tienen poderes divinos; que los signos astrológicos pueden afectar la vida de las personas, etcétera). Este grupo es precisamente el que más acoge a los que se declaran desencantados con la vida: o porque creen «que el mundo está lleno de maldad y de pecado» o porque sienten que «el futuro no existe» o que «el destino no se puede cambiar». En este grupo también encontramos una sobrerrepresentación de los que asumen que «no son felices» y que la vida «sólo tiene sentido porque Dios existe». Es decir, la religión, la fe y Dios aparecen como salvavidas a los que se agarran cuando parece que la vida poco les puede ofrecer.

Los datos de la Encuesta Social Europea (ESE, 4.ª serie, 2008/2009) muestran también que, entre los europeos, la sociabilidad tiende a disminuir a medida que avanza la edad, en un movimiento inverso al de la religiosidad. Por otro lado, la satisfacción con la vida tiende a disminuir hasta la mediana edad y se estabiliza a partir de entonces, mientras que la participación en la comunidad gana una mayor expresión estadística en las franjas de edad intermedias. Un descubrimiento sociológico en la estela de las pioneras investigaciones de Durkheim sobre el suicidio señala que las personas solteras y casadas están más satisfechas con la vida, en comparación con las divorciadas y viudas. Como la sociabilidad es más expresiva entre los jóvenes, hay que admitir que los ancianos viudos y divorciados se sienten menos satisfechos con la vida porque tienen una integración social menor. Por otro lado, y contrariando el dicho de que «el dinero no da la felicidad», cuanto más elevada es la renta mayor es la satisfacción con la vida. La desvinculación social motivada por la edad no es, de modo alguno, inevitable. Sin embargo, el proceso de envejecimiento aparece asociado a una debilitación o pérdida de las redes sociales y de la movilidad, que se traduce en estados de privación (Townsend, 1987; Lalive d'Epinay y Spini, 2008). Datos del mismo estudio (ESE, 4.ª serie, 2008/2009) muestran que los mayores son objeto de discriminación por su edad: el 32% de los encuestados de más de 65 años afirmaron que ya habían sido víctimas de edadismo, concepto utilizado para retratar este tipo de prejuicio (Bizzini y Rapin, 2007). La discriminación por edad se vive con sufrimiento. Entre los europeos, los ancianos son los que manifiestan niveles más bajos de bienestar y un marcado sentimiento de infelicidad y de insatisfacción con la vida. De este modo, la edad aparece como un factor que agrava la exclusión social (Louage, 2002).

Mientras que entre los jóvenes la sociabilidad ofrece oportunidades de evasión ante las contrariedades de la vida, los ancianos tienden a aislarse. La pérdida del sentimiento de pertenencia es uno de los factores más asociados a la soledad y al desencanto con la vida. En muchos casos, es un paso decisivo para la muerte simbólica. No es casualidad que el riesgo de muerte aumente durante los primeros años de viudez (Thierry, 1999) o cuando uno de los cónyuges se enfrenta a la hospitalización del otro (Ankri, 2007). La muerte de los vínculos sociales precede a la muerte física. Por otro lado, en algunas personas mayores se instala un sentimiento de desesperación por vivir en una deriva temporal: ya sea porque sienten que no vivieron el pasado como deberían o porque se arrastran en un presente que se refleja en un futuro incierto y desprovisto de redes sociales de apoyo (Erikson *et al.*, 1986). En la Europa occidental de los siglos XVI y XVII, la situación de dependencia de muchas mujeres mayores originó tensiones familiares y sociales que culminaron en una conocida «caza de brujas». Actualmente, en algunas familias, los mayores siguen siendo objeto de malos tratos —se habla incluso del «síndrome de la abuela golpeada»— y, cuando se abandonan en residencias u hospitales como «pesos muertos», a menudo pasan a ser «casos» que ocupan «sillas» o «camas». En un estudio sobre residencias para ancianos (Pais, 2006), muchos se lamentaban de la falta de visitas, ya fuera de amigos o familiares. De vez en cuando, recibían alguna que otra llamada telefónica. Aunque para algunos el teléfono sea —sin ninguna connotación metafórica— un «hilo de vida», para otros no lo es. Un anciano me confesó su malestar con los teléfonos: no oía bien y tenía problemas para comunicarse, incluso con audífono. Quizás también pensara que eran un timo, por acercar a la gente de un modo tan artificial. La mayoría se alía a la televisión para combatir la soledad enemiga. Los presentadores de televisión se convierten en su familia, les hablan diariamente, les sonríen, les traen noticias y novedades, les ofrecen imágenes de lo que sucede afuera, imágenes multicolor que son engullidas por la sombría existencia de una vida solitaria. Elegida la compañía predilecta de los ancianos para combatir la soledad, la televisión acaba, sin embargo, consagrándola. Los distrae, incluso de sí mismos, haciendo que desaprendan a mirar al mundo y a pensar en ellos.

A veces, la soledad es más solitaria cuando está más poblada de recuerdos. Algunos ancianos miran atrás, hacen balance de su vida y lamentan el rumbo que tomó. Unos culpan al destino, al que se refieren como una orden mágica que domina la voluntad para alterarlo; otros se culpan a sí mismos, desencadenando pensamientos engañosos sobre lo que podría haber ocurrido si no hubiera ocurrido lo que ocurrió. La invocación del destino o de la suerte —«la suerte me ha dado la espalda», suelen decir— los lleva a justificar la situación de desamparo con factores del azar, dejando abierta la posibilidad de que vuelva la suerte madrastra si alguna vez decidiera dejar de «darles la espalda». Pocas veces ofrecen como motivo de su desamparo el abandono al que sus hijos los someten. Alegan que llevan una vida muy ajetreada y les perdonan la falta de tiempo. A menudo se quejan de «las fatalidades de la vida», de las pensiones irrisorias que no alcanzan para comprar las medicinas, o de su propia edad, que les impide seguir «en la brecha». Al considerarse víctimas de la fatalidad, podrán beneficiarse más fácilmente de la suerte si, ilusamente, un día cambia. Para los creyentes, la suerte es voluble, tiene mañas, va y vuelve cuando menos se espera. Las apuestas esporádicas que hacen algunos a la lotería reflejan una esperanza remota de ser agraciados por la suerte, una esperanza numerada y pregonada como el «premio gordo». Otros, sin embargo, parecen resignarse con su mala suerte y no esperan que la buena llame a la puerta. A veces caen en depresión y se dejan llevar por los «malos pensamientos». Son varios los ancianos que me han confesado que les pasan «cosas por la cabeza». Es una expresión que utilizan para referirse a pensamientos negativos que los tientan a atajar las infelicidades de su vida poniéndole fin, como cuando se «tiran a la vía del tren».

Antaño la muerte era visible, reconocida, ritualizada. Sucedía en espacios domésticos. En casa se moría y en casa se hacía el velatorio, con la presencia de familiares, vecinos y amigos. Ahora se muere más a menudo en los hospitales o en residencias de ancianos, lejos de la familia, sólo en compañía de desconocidos, máquinas, soledad. La «medicalización» de la muerte parece una enfermedad (Déchaux, 2002: 254-255), la «muerte asistida» se inscribe en un modelo de «buena muerte» (Déchaux, 2001). Se trata de una muerte «civilizada» que silencia la exteriorización del sentimiento ante el dolor, el sufrimiento, la propia muerte. El Estado y las familias resuelven el «problema» de los ancianos ocultándolos. La coordinadora del Servicio del Centro Hospitalario de Lisboa comentaba recientemente que los ancianos a menudo son abandonados: «Los hijos se quedan con las pensiones de invalidez mientras ellos están ingresados aquí». La mayoría de los cadáveres que yacen en las morgues sin que nadie los reclame, y cuya edad ha sido posible determinar, son de personas de más de 60 años. Sin embargo, la Unión Europea (directiva 1999/74) multó a 13 Estados miembros por maltratar a las gallinas, exigiéndoles que a partir de enero de 2012 todas tengan mejores jaulas, con más espacio para hacer nidos, escarbar la tierra o aselarse. No estoy cuestionando los legítimos derechos de las activas gallináceas (ponedoras); sólo acentúo el contraste con la situación de los ancianos abandonados.

Cuando se muere en casa, las circunstancias son muy diferentes de las de antaño. Entre los ancianos destaca la tendencia a morir solos, abandonados, en plena soledad. Socialmente sólo se descubren cuando huelen a muerte podrida. Mientras están moribundos, son relegados al olvido, dejan de formar parte de la vida de los vivos. De vez en cuando, los bomberos entran en casas en las que se sospecha que algo sucede y se encuentran a ancianos que necesitan ayuda y a otros ya sin vida, muertos por abandono. Inés, por ejemplo, fue uno de estos casos. Permaneció muerta en la bañera durante más de tres años. Ninguno de los cinco hijos de la que fuera auxiliar de enfermería la buscó. Tampoco los vecinos, a pesar de que el buzón, donde se amontonaba la correspondencia, era una señal clara de su ausencia. Nada los movilizó, ni siquiera el «olor insoportable» que venía de casa de Inés, un olor a muerte, a cadáver en descomposición. Una vecina pensó que el hedor sería de las cloacas o de ratas muertas. Otra, minimizando el origen del olor, aisló la puerta de su casa con cinta para evitarlo (*Jornal de Notícias*, 8 de abril de 2011). Las campanas de Navidad estuvieron pegadas en la puerta de la anciana durante tres años, como si todos los días fueran Navidad. La burocracia actuó con la diligencia habitual de quien trata a las personas como meros «usuarios»: habían cortado el agua, la luz y el gas, pero la Seguridad Social todavía le pagaba la pensión. Otra anciana, que también falleció en casa, no escapó de la diligencia de la burocracia. Como había una deuda que saldar —¿cómo podría hacerlo estando muerta?—, el Estado embargó la casa, que acabó vendiéndose en una subasta pública. Cuando la nueva propietaria del apartamento lo inspeccionó, para lo cual echó la puerta abajo, descubrió el cuerpo de una anciana en avanzado estado de descomposición. Si hubiera estado viva, tendría 96 años; hacía nueve que yacía en la cocina. A su lado, sus únicos compañeros: dos pájaros muertos en una jaula y el esqueleto de un perro. Podemos cuestionar sociológicamente la aproximación afectuosa de algunos ancianos a los animales domésticos. Es posible que, a algunos, los animales de compañía les ayuden a mitigar los sentimientos de aislamiento o soledad. Fue lo que descubrí cuando catalogué las lápidas de 1338 tumbas del cementerio de animales del Jardín Zoológico de Lisboa (Pais, 2006). Tomando el universo de los 657 nombres de animales censados, descubrí que gran parte de ellos correspondían a formas de expresión de una afectividad que utiliza los nombres para expresarse mejor: «Bill / Tu dueña te ama eternamente»; «Querida Jane (Janinha) / Descansa en paz / Volveremos a estar juntas cuando Dios quiera / Te echo de menos».

Complicidades, tensiones e imaginarios sociales

En tiempos de cambio, rupturas, discontinuidades e incertidumbres, las normas que siguen estandarizando las etapas de la vida coexisten con el reconocimiento de que su curso es imprevisible. Hay recelos con relación al futuro, muchas veces incluso incredulidad. Esta dimensión de riesgo, también de incertidumbre, favorece formas regresivas de encierro y evasión. Se exigen puertos de abrigo, anclas de seguridad que a menudo culminan en «refugios de comunidad» (Bauman, 2003). En las manifestaciones promovidas por los jóvenes indignados surgió una complicidad intergeneracional. En Portugal, los padres y abuelos de los jóvenes indignados se sumaron a las manifestaciones, levantando carteles de apoyo y solidaridad. «He venido a apoyar a los jóvenes / Fuerza»; «Varias generaciones, una única lucha». El sentimiento de insatisfacción llevó a los manifestantes a buscar culpables, responsabilizándolos por la crisis del país.

Sólo hay movimiento social si la acción colectiva se opone a una dominación que se repudia (Touraine, 1985). Los políticos emergieron como símbolo de un poder corrompido: «Fuera toda la clase política», «*Go Out!*», «Políticos corruptos», «Políticos gordos, pueblo flaco», «Los políticos tienen que servir, no servirse». Algunos carteles denunciaron el engaño del poder instituido (Gledhill, 2000), supuestamente al servicio de agentes de explotación, que identificaban con el pronombre «ellos»: «Ellos son los que viven por encima de nuestras posibilidades», «Para ellos todo el bienestar, a nosotros nos toca apoquinar»... Mientras que en algunos carteles se reivindicaban algunas formas democráticas de representación y participación directa («Ésta es nuestra moción de censura», «Ya es hora de que salga gente seria que nos saque de este agujero»), en otros surgían propuestas extremistas contra el Estado, los partidos y el capitalismo («*Fuck the System*», «El pueblo unido no necesita partido», «Cuando no tengas nada que perder ¿qué serás capaz de hacer?»). Sabemos que la «efervescencia colectiva» (Durkheim, 2003), que es proporcional a la densificación de aglomerados de cuerpos, es más expresiva cuantos más manifestantes se involucran en acciones de cooperación mediante danzas, aplausos, aclamaciones o protestas. Batucadas, cánticos y danzas se hicieron presentes en las manifestaciones de Portugal con la participación de jóvenes y no tan jóvenes.

Como una réplica del campamento de los indignados españoles (15M), los jóvenes portugueses decidieron acampar también en las plazas públicas de las principales ciudades del país, durante la última semana de mayo de 2011. La ocupación simbólica del espacio público acentuó la distancia con relación al poder instalado, dando lugar a la fiesta en la calle. Toda una «fuerza del deseo» parecía emerger de un flujo de consciencia que servía de base constitutiva de un «nosotros» que se sobreponía a cada persona (Schütz, 1964). Experiencias emocionales y afectivas alimentaban un universo simbólico de comunión, una especie de «química de la fusión» (Schmalenbach, 1922, *apud* Giner, 1979: 20). Había gestos de esta comunión del grupo que contenían una emotiva expresión corporal, como abrazos que se daban a quien estaba al lado y que se propagaban, como una ola, por el campamento. En Lisboa, también había círculos de personas cogidas de la mano que rodeaban la plaza del Rossio. Las emociones parecían contagiosas, por efecto de interacciones continuadas y de excitaciones afectivas y miméticas (Scheler, 2004), que azuzaban significados simbólicos compartidos. En Lisboa, algunos transeúntes que pasaban por la plaza del Rossio se paraban unos momentos y vivían la sensación de «estar ahí», en el escenario de los acontecimientos.

Ahí, en el campamento, se decidían «acciones de lucha». Las protestas reverberaban ante algunos símbolos del poder económico, como sucedió en una concentración frente al Banco de Portugal, en cuya puerta se depositaron bolsas de basura que denotaban que Portugal no era «basura», como pretendían los supuestos «especuladores financieros» (esos sí que se merecían que los barrieran fuera del país, en opinión de los manifestantes). Todo servía de pretexto para la movilización política. También hubo alineaciones ideológicas que se asentaron al asumir valores en contra de prejuicios y estereotipos dirigidos a los manifestantes (Touraine, 1985). Es lo que sucedió en la Puerta del Sol de Madrid, donde varios carteles despreciaban que se asociara a los manifestantes con el consumo de alcohol u otras drogas («¡¡¡Revolución ≠ Botellón!!! No queremos cerveza, ¡¡gracias!!»), contrariando algunas teorías funcionalistas que caracterizan a los movimientos sociales como acciones de grupos marginales y delincuentes que producen anomia social (Smelser, 1963).

Algunos sin techo que pasaban las noches con los jóvenes acampados en la plaza del Rossio participaban en las acciones de limpieza. Esta complicidad choca con las teorías que asocian la exclusión social a una apatía producida por la debilidad de los lazos sociales (Jelín, 1996). De la fragilidad de los lazos sociales surge a menudo su fuerza. Granovetter (1973) sugiere que las redes de relaciones sociales sueltas o los lazos débiles permiten que, en un orden social fragilizado, los individuos consigan integrarse mejor. Los carteles se creaban en grupo. Las canciones de protesta y las consignas emergían como voces del movimiento. Llegaba a compartirse la comida preparada en el propio campamento. Algunas pastelerías también regalaban pasteles y bollería a los que estaban acampados. Como Simmel sugirió, la forma de las relaciones sociales no deja de interferir en su contenido (Degenne y Forsé, 1994). Esta mística creó oportunidades de compartir valores, y se estableció una relación de confianza y cooperación entre los que estaban allí acampados. Los movimientos sociales se transforman en desafíos colectivos, construidos sobre una base solidaria (Tarrow, 1994), y permiten el descubrimiento o la confirmación del sentido de lo que se hace en una «acción colectiva» (Melucci, 1996). La movilización social y política va del brazo de la participación (Tilly, 2005). Por eso, la desmovilización es un obstáculo para la participación. Cuando se deshizo el campamento, la movilización se desvaneció.

Las complicidades generacionales no excluían algunas tensiones entre las diferentes generaciones. Eisenstadt (1976: 32) ya alertaba sobre las tensiones derivadas de las discontinuidades. Esas tensiones pueden generar mecanismos de ajuste o, por el contrario, grupos anormativos. Algunas culturas generacionales aparecen asociadas a situaciones de anomia cuando no se cree en el futuro, no se cubren las necesidades esenciales de seguridad y autoestima o se debilitan los sentimientos de pertenencia identitaria. Cuando Mannheim (1990) realizó sus estudios sobre las generaciones, el problema central de su investigación era el de su sucesión. Hoy, debido a los cambios económicos y demográficos, el problema no es sólo el de la sucesión, sino, sobre todo, el de la coexistencia solidaria entre generaciones. El aumento de la esperanza de vida y los bajos índices de natalidad, principalmente en Europa, trasladan a las agendas gubernamentales el problema de la distribución de recursos entre las generaciones, haciendo peligrar la solidaridad entre ellas.

Cuando no creen en el futuro, ¿cómo sobreviven las personas con relación a la tensión entre normativas sociales intangibles y sus repetidas transgresiones, una tensión que produce ansiedad existencial y sentimientos de culpa? Paz (1991) y Giddens (1997) desarrollaron la idea de la *colonización del futuro* para explicar la «hipertrofia de expectativa» que acompaña la retracción progresiva del espacio de la experiencia. Según estos autores, la anticipación del futuro genera una ansiedad por alcanzarlo. Como el horizonte de espera se dilata, se entra en una situación de liminalidad, un espacio atrincherado en un presente que persigue un futuro que no se deja alcanzar. El encogimiento del espacio de la experiencia refleja la desesperación de esperar, una esperanza que nunca se convierte en realidad. Esta falta de esperanza, según Marramao (2011), puede originar una denegación del futuro, una regresión enfermiza y obsesiva con relación al presente, desnudo de poder de decisión. Surge así una especie de «patología temporal», asociada a dos tipos de reacción: la del *síndrome melancólico* y la del *síndrome maníaco*. El primero es típico de quien se siente afectado por una depresión retentiva, que le impide soñar con el futuro y alimenta un sentimiento de fatalidad. Es lo que sucede cuando uno se resigna: «Así es la vida», «el destino lo quiso así», «que sea lo que Dios quiera». El segundo es típico de quien no tiene perspectivas de futuro, se siente incapaz de potenciar experiencias del pasado y acaba reproduciendo, de forma neurótica, gestos, hábitos y rutinas del presente (Marramao, 2011: 91). En el primer caso, los trastornos de esperanza debilitada producen resignación y fatalismo; en el segundo, rituales miméticos que pueden llegar a la violencia.

Diríamos que «las voces de la imaginación colectiva» (Laplantine, 2009) suenan diferente en distintas generaciones. Entre los ancianos con filiación religiosa más arraigada sobresale una actitud espiritualmente mesiánica ante la vida, un mayor conformismo con el presente, encarado como un compás de espera con relación al futuro, aunque éste se proyecte más allá de la muerte, como una ilusionada vida extraterrenal. La espera pasiva de la muerte también puede representar la negación de la esperanza. Sólo puede vivirse el tiempo plenamente cuando la espera se convierte en esperanza. En caso contrario, se produce una especie de retracción de la existencia, alimentada cada vez más por la angustia. Por ejemplo, la angustia de morir solo. La pérdida de la esperanza puede traducirse en resignación, es decir, en aceptación de todo lo que contraríe la concretización de deseos y voluntades. En este caso, el presente evita el futuro, es decir, deja de ser un «horizonte de posibilidades» y se convierte en un refugio de apatía («vamos tirando...», «es nuestro triste destino...»), donde sólo sobrevive el «miedo a existir» (Gil, 2005: 121). Por otro lado, entre los jóvenes es más frecuente que la desesperación de la espera desencadene mecanismos de posesión dirigidos al presente. Un presente desvinculado de un pasado que evita la memoria y también de un futuro que no se deja anticipar. La posesión, como bien señala Laplantine (2009), sustituye el tiempo de espera por el aquí y ahora del éxtasis. Sin embargo, mientras que para algunos jóvenes la posesión del presente es pura fuente de placeres inmediatos, para otros es una fábrica de utopías, aunque su naturaleza varíe entre los que alimentan la esperanza de realizarlas y los que se agarran a ellas huyendo de la realidad que puede deshacerlas.

Aunque sean distintas, en estas voces del imaginario social reverberan temporalidades míticas que navegan entre el pasado y el futuro. Las variadas matrices en las que se inscriben estas voces comulgan con un sentimiento de comunidad parecido que alimenta el imaginario social de la esperanza (Laín Entralgo, 1978). En el caso de la *matriz mesiánica espiritual*, típica de generaciones más viejas, la esperanza proviene de una creencia en el «más allá», en una anticipación del futuro que puede —aunque no necesariamente— anular el presente. Esta creencia, de naturaleza profética, se asocia a la práctica de rituales religiosos que, mediante rezos, oraciones y cultos, generan un sentimiento de pertenencia comunitaria, de solidaridad en la fe. En el caso de los jóvenes, aunque en algunos sobresale un mesianismo profético, más orientado por creencias políticas de liberación (la *matriz mesiánica-revolucionaria de la esperanza*), en otros se produce un misticismo regresivo de naturaleza sagrado-profana (Beriain y Sánchez, 2010) que conecta con reminiscencias de solidaridades ancestrales, recuperadas de manera ritual por medio de la música, la danza y la fiesta. Es lo que sucede en algunas tribus urbanas (Feixa, 2008 [1998]; Pais y Blass, 2004) cuando reivindican la territorialización de memorias colectivas que reverberan en el pasado, como sugiere un rapero portugués (General D, 1997): «Somos todos *ekos* del pasado / Pasado, presente ausente está *kondenado* / Disfrazado sin saber cuál es el lado». Identidades destrozadas pueden reinventarse juntando los añicos, reavivando, con un «discurso de la memoria» (Colombo, 1991: 124-125), presencias reveladas por ausencias —de orígenes perdidos, olvidados, recordados o inventados—. Según Desroche (1976), el *eco* (en la memoria colectiva) y el *viático* (en la consciencia colectiva) se combinan para resistir a la desintegración social y mantener viva la esperanza, que nace en la imaginación colectiva. Esta recreación imaginaria puede verse incitada por conflictos y desigualdades sociales que, como en el caso de los jóvenes indignados, generan acciones colectivas orientadas por la esperanza de nuevos rumbos sociales.

2. En busca de un Oeste:
jóvenes inmigrantes

Unos padres buscan a su hijo, Satonova Viktora Urievitcha (1974), ucraniano. En 2002 estaba en Lisboa, trabajaba como aparcacoches en el aeropuerto, sin techo, enfermo, cojo, estaba deprimido, es probable que tenga un aspecto descuidado, alto, delgado, ojos azules, piden que quien tenga información llame a: 967157966, 962924276.

Semanario *Clobo*, 18 de junio de 2005

Eran las siete de la mañana, me encontraba en el aeropuerto de Lisboa. Mi destino era Bucarest, con escala en Zurich. El mundo pertenece a los que saben adónde van. Había llegado demasiado temprano al aeropuerto, por donde deambulaba a la espera de que pasara el tiempo. Un cuerpo extendido a lo largo de un banco dormitaba, inerte. No por ello dejaba de ser un cuerpo socialmente significativo por la forma como se inscribía en un territorio de espera, en ese caso un aeropuerto. Era un cuerpo a cuyo lado no reposaban maletas, sólo una bolsa de plástico de contenido desconocido y una botella de litro con un rótulo de cerveza, que no sabía si correspondía al contenido. Era un cuerpo descompuesto con el rostro de un joven envejecido, los cabellos rizados y la barba sin afeitar. Cuando pregunté a un guardia de seguridad del aeropuerto si era un mendigo, me dijo que se trataba de un migrante del Este, que muchos dormían en el aeropuerto.

Me senté en un banco que estratégicamente me permitía seguir observándolo. No sabía si aquel hombre soñaba y, si soñaba, hasta qué punto se había desligado del mundo en el que conscientemente vivía. Por ventura fue un sueño lo que lo trajo a Portugal y la realidad del sueño, por desventura, ahora sería una pesadilla. ¿Habría llegado o se estaría yendo? Se movió, entreabrió los ojos azules, se sentó con movimientos lentos y, finalmente, depositó la cara entre sus manos. Después levantó la cabeza y fijó la mirada en un más allá que no conseguí identificar. Parecía deprimido. ¿Por qué preví soledad en su cara? Hipócrates, en un texto titulado *Pronóstico*, describe la cara de un moribundo a partir de las señales que toma como indicios de un estado de salud grave. El método hipocrático incide más sobre el enfermo que sobre la enfermedad. No cuestiona tanto lo que es una enfermedad, sino, sobre todo, cómo se manifiesta, cuáles son los indicios. Seguí el mismo método. Desde el principio, no cuestioné la soledad en abstracto. Me interesaba, sobre todo, ver cómo se manifestaba.

Varios semiólogos consideran que Hipócrates es el padre de la semiótica, disciplina que adquirió fuerza con las contribuciones de Galeno. La especialidad médica que corrientemente se denominaba sintomatología pasó a denominarse semiótica y Galeno la subdividía en tres partes: una semiosis del aquí y ahora (o diagnosis) y su proyección tanto en el pasado (conocimiento de la historia clínica) como en el futuro (extrapolaciones para determinar el curso más probable de la enfermedad). Miré la cara del migrante que tenía delante y vi claros indicios de su malestar: las ojeras profundas, la barba crecida y los cabellos despeinados contrastaban con las caras afeitadas y los cabellos engominados de los tecnócratas, con sus maletines y un caminar apresurado que denunciaba que sabían de dónde venían y adónde iban. ¿Y si le ofreciera un cigarrillo para iniciar una conversación? Me despedí de mi bloc de notas.

Unos veinte minutos después, ya en la sala de embarque, volví a mi diario de campo. Apunté que le había dado los buenos días y un cigarrillo envuelto en una sonrisa, y que había recibido como respuesta palabras en una lengua que no entendí. Cuando le tendí el paquete de cigarrillos, creí haber entendido el lenguaje de su mirada, sin decirle nada, sin preguntarle nada. El silencio es un lenguaje universal, ya que puede contener todas las palabras. Es una reserva inagotable de comunicación. Es más, ni siquiera estoy seguro de que las palabras consigan alcanzar las cosas que pretenden designar. Por ejemplo, ¿qué realidad se esconde detrás de la palabra soledad? Le tendí un mechero. Balbuceó palabras que no entendí, a no ser «Ucrania», que repetí con entusiasmo por haber descubierto su nacionalidad. Se llevó la mano al bolsillo y, sacando la cartera, me mostró la fotografía de una joven mujer con un bebé. Siguió hablándome en una lengua que no entendí pero que pude comprender. Paró de hablar y subentendí que el silencio no siempre necesita amueblarse con palabras. Miré el reloj, le dejé el paquete de cigarrillos y me despedí con la mano.

Enigmas del Este europeo

Una vez en el avión, releí el programa de trabajo y la lista de reuniones que me esperaban en Rumanía, en un siglo recién estrenado. El Consejo de Europa me había invitado para escribir un informe sobre la situación de los jóvenes en Rumanía (*Romania National Youth Policy*, 2000). Había aceptado la invitación porque nunca había visitado ningún país de la Europa del Este. Por otro lado, los jóvenes rumanos constituían un estudio de caso sociológicamente desafiante, porque vivían un doble proceso de transición: si a nivel individual se encontraban en un proceso de transición hacia la vida adulta, a nivel social sus trayectorias se veían particularmente afectadas por el proceso de transición política del propio país: incierto, accidentado, inacabado.

Cuando llegué a Rumanía, visité centros de investigación universitarios, entrevisté a representantes de asociaciones juveniles, me reuní con decisores políticos de varios ministerios, entre ellos el propio ministro de Juventud, el señor Crin Antonescu. Integraba una delegación compuesta por Ulla Helsingius, experta en cooperación internacional; Dan Trestieni, representante rumano del Consejo de Europa; Manuela du Bois y Lyudmila Nurse, investigadoras universitarias, y Victoria Chan, experta en «minorías étnicas». Antecediendo la visita, el Centro de Estudios e Investigación Juvenil de Bucarest había hecho una encuesta nacional para ofrecernos «datos frescos» sobre la situación de los jóvenes rumanos. Los investigadores que formaban parte de la anterior dirección del centro cuestionaron posteriormente la validez de los resultados de la encuesta, alegando que había deficiencias en la construcción de la muestra y en la informatización de los datos. Sugirieron incluso que los datos se habrían manipulado por intereses políticos. Me sentí desamparado. ¿Qué tenía que hacer? Mi bloc de notas pasó a ser mi más fiable confidente. Todo lo anotaba ahí, particularmente los pequeños descubrimientos realizados «por casualidad» (Becker, 1994), a los que Robert Merton (1968: 157) se refirió como «descubrimientos *serendipity*». Respecto a estas observaciones sueltas y dispersas desarrollé conjeturas, especulaciones, hipótesis de investigación. Curiosidades espontáneas dieron lugar a la constitución de enigmas que, a la vez que me intrigaban, me ayudaban a superar la etnocentricidad propia de quien observa una realidad que le es extraña. Después descubrí que esos enigmas, que ya iba anotando en mi diario de a bordo, eran pequeñas señales o indicios de realidades que no siempre se manifestaban claramente.

Había acabado de aterrizar en el aeropuerto de Otopeni, en Bucarest. Cuando me preparaba para proceder a las formalidades habituales —recoger el equipaje y pagar la tarifa del visado de entrada en el pasaporte—, me abordó una elegante y simpática rumana. Con una sonrisa desproporcionadamente amplia con relación a la largura de la falda, me extendió un enigmático sobre, del que sólo vislumbré una inscripción en dorado y azul: «Business V.I.P. Club». Me metí el enigma en el bolsillo del abrigo, ya que tenía prisa por resolver las formalidades de la llegada y ni siquiera había cambiado dinero. El enigma aumentó cuando, al llegar al hotel, abrí el sobre y me encontré con la reproducción de un billete de 50 dólares. El folleto que lo acompañaba me explicaba: «*Dear Passenger, we would like to welcome you on your arrival at the Otopeni Airport in Bucharest. In order to combine business with pleasure, we would like to invite you to the most exclusive Casino/Restaurant in Bucharest [...]. We match the first $50 you bet on the tables*» (Estimado pasajero: nos gustaría darle la bienvenida al Aeropuerto Otopeni de Bucarest. Para que pueda combinar negocios y placer, le invitamos al casino/restaurante más exclusivo de Bucarest [...] Cubrimos la primera apuesta de 50 dólares en las mesas de juego). El enigma se resolvió cuando, al consultar algunos folletos turísticos que recogí en el aeropuerto, me di cuenta del considerable número de anuncios para relajar el cuerpo. De forma desprevenida, encontraba indicios significativos de la apertura de Rumanía a la economía de mercado. Antes de acostarme, observé por la ventana el manto blanco de nieve, un paisaje deslumbrante para quien viene de un país mediterráneo. No dormí muy bien, debido a la temperatura elevada del sistema de calefacción, que no sabía cómo regular. Al día siguiente, me dirigí a la recepción del hotel y me informaron de que la calefacción era centralizada, se había instalado para ofrecer la misma temperatura a todas las habitaciones, según un lema comunista llevado al extremo: a cuerpos igualmente frioleros, igual temperatura. Empezaba a darme cuenta de las dualidades del país.

Tres años después, en mayo de 2003, volví a Rumanía. De nuevo, noches mal dormidas. Al llegar al Hotel Triumf, poco antes de la medianoche, me registré y me dirigí al ascensor. Dos jóvenes esbeltas, una rubia y otra morena, subieron conmigo. Me miraban y me sonreían en busca de cualquier complicidad. Después me preguntaron, en un inglés aprendido a toda prisa, qué planes tenía para aquella noche. Me ofrecían compañía. Avergonzado, y mezclando inglés con palabras rumanas que había aprendido, les respondí que acababa de llegar de un largo viaje, quizás *mâine* [mañana] estuviera con más ánimos (esta manía mía de ser diplomático...), *thank you*, *multumésc* [gracias], *sorry*, *imi para rāu* [yo ir a la cama]. Entre la medianoche y las dos de la madrugada, dos llamadas con propuestas similares interrumpieron mi descanso. Al día siguiente descubrí que ofrecer servicios por teléfono era una práctica habitual en algunos hoteles de Bucarest. También descubrí que en la ciudad, de casi dos millones de habitantes, había 29 casinos. El juego y la prostitución habían dominado la ciudad. Un colega rumano me aconsejó que desconfiara si alguien me pedía el documento de identidad, aunque se identificara como policía. Siempre debía llevar fotocopias de los documentos, nunca los originales. Las redes mafiosas iban a la caza de pasaportes para la inmigración ilegal.

En mi segunda visita a Rumanía, tras volar de Bucarest a Cluj, cogí un minibús a Panticeu y, desde ahí, otro a Sarata. Estaba a punto de descubrir el mundo rural de Rumanía. El viaje fue largo y ajetreado. El conductor del minibús daba volantazos a derecha e izquierda, creando ansiedad entre los extranjeros que formaban parte de la delegación del Consejo de Europa. Sólo Dan Trestieni permanecía impasible, como rumano que era. Se trataba del enigma del conductor descontrolado. Pensé que el minibús tenía algún problema en el volante, o quizás mecánico. Cuando tuve oportunidad —es decir, en la primera parada—, inspeccioné atentamente el vehículo. Era un moderno Mercedes (MB 1000) de la Turism Transilvania: Agencia de Turismo kilómetro 0. El nombre sugestivo de la agencia me incitó a controlar el cuentakilómetros y constaté que todavía no había alcanzado los 37.000 kilómetros. ¿Quizás el conductor del minibús era aficionado al Palinka Plum, una bebida rumana que hizo que me saltaran las lágrimas la primera vez que la probé?

Estábamos ya en plena Transilvania, tierra de dráculas, magos y brujos. En medio de la turbulencia de las sacudidas del minibús, entrecerré los ojos, no sé si para huir del miedo o del cansancio. Como sabía que había muchos romaníes en la región, me imaginé a unas gitanas prediciendo el destino ajetreado del viaje, entre acordes de viejos violines. Reviví su violenta esclavitud, ocurrida tras una crisis económica provocada por el avance otomano en dirección a Constantinopla. Los bocinazos del minibús me sonaban a los silbidos de un tren fantasma, quizás semejantes a los que, desde el andén nueve y tres cuartos, condujeron a Harry Potter al castillo para magos de Hogwarts. Muchos venían después a Transilvania a hacer posgrados en diferentes especialidades de magia.

Sólo pude descifrar el enigma del conductor descontrolado durante el regreso a Cluj, cuando, en el asiento de atrás del minibús, pensaba flemáticamente en otro enigma: la fascinación de los rumanos por los móviles. En realidad, los móviles son iconos culturales de los países «poscomunistas» (Varbanov, 2002). En un periódico de telecomunicaciones había leído que, a nivel europeo y mundial, Rumanía estaba a la vanguardia en el uso del móvil (*PM Communications Reporting*, 14), pero no imaginaba esa locura, aunque yo proviniera de un país atacado por la pandemia del móvil. En una reunión con un grupo de jóvenes rumanos del medio rural (Sarata), uno no se cortó al confesar que su gran sueño en la vida era tener un móvil. Inevitablemente, cuando regresé de Cluj a Bucarest en un vuelo nacional, sonaron los móviles de varios pasajeros cuando el avión ya había despegado. Las protestas de la tripulación servían de poco o nada.

Sé que Rumanía es un país con tradición en el campo de las telecomunicaciones. Fue donde, en 1854, surgió la primera línea de telégrafo. Y fue un rumano, Augustin Maior, el inventor de las redes múltiples de telefonía que llevaron a Bell a descubrir posteriormente el teléfono. Pero ¿por qué están tan fascinados con los móviles? La reunión con los jóvenes rurales de Sarata fue muy aclaratoria. Estaban muy descontentos con el aislamiento en el que vivían. Querían poder tener acceso a internet. Querían más canales de televisión, ya que la televisión local les ofrecía sólo un canal. Protestaban también por la falta de medios de transporte y buenas carreteras. ¡Ah! Entonces el zigzagueo del conductor del minibús era una demostración de su maestría al volante, no de la falta de ella, una forma habilidosa de sortear los agujeros de las carreteras deterioradas. En invierno, las carreteras rurales eran simplemente intransitables. Algunos jóvenes, para ir a la escuela, llegaban a hacer más de 20 kilómetros a pie todos los días. Todo les parecía lejos a estos jóvenes. Empezando por el futuro. Vivían el aislamiento del mundo de la modernidad como una forma de desconexión social. El móvil es una manera fácil de relacionarse. En un hábitat de premodernidad, los jóvenes exigían símbolos de la modernidad.

En el trayecto de regreso de Sarata a Cluj, esa dualidad contrastante salpicaba el paisaje. De vez en cuando, me sorprendían viejos campesinos que, sentados en la entrada de sus casas, agitaban las manos, saludando efusivamente, mostrando su simpatía con una sonrisa rasgada de dientes ausentes. Más acostumbrados a ver transitar las familiares carretas de burros, un vehículo motorizado constituía una novedad. Al coger una curva, vi unos jóvenes campesinos trabajando la tierra con camiseta y bermudas. Al coger otra curva, algo insólito: dos chicas cavaban la tierra con una azada, mostrando sus dotes corporales: no sólo las de fuerza física, sino también las estéticas, ya que iban en biquini. Una verdadera labranza de posmodernidad en un espacio dominado por la premodernidad. Finalmente estaba ante el enigma de las campesinas posmodernas. Al fin y al cabo, las jóvenes campesinas, aunque trabajaran en el campo, no descuidaban el valor de una estética corporal característica de la posmodernidad. Probablemente, teniendo presentes los actuales flujos migratorios de las ciudades rumanas al campo, serían jóvenes urbanas que ahora vivían con sus padres. Pero lo que vale la pena resaltar es que la ética del recato que caracteriza la premodernidad convivía, en este caso, con una estética del desnudo, erigida como símbolo de la posmodernidad.

Entre tradición y posmodernidad

Lo que encontré en Rumanía fue un vasto campo de asimetrías estructurales. Una buena parte de la población rumana vivía en una sociedad premoderna, y lo que más caracteriza a este modelo es su persistencia. Más del 50% de la población todavía vivía de la agricultura. Hay raíces históricas que explican esa persistencia. La esencialidad rural de Rumanía la exacerbó ideológicamente L. Blaga, un poeta rumano que celebraba la exaltación de la «aldea rumana» como símbolo «espiritual y de identidad» de la «Gran Rumanía» (Blaga, 1989). Es más, fueron varios los intelectuales y políticos rumanos que atribuyeron un «estatuto moral» a la vida campestre. La «vida del campo» era vista como depositaria por excelencia de los valores más genuinos del pueblo rumano, aunque también se hubiera convertido en un obstáculo para las transformaciones sociales deseadas por el «régimen comunista» (Karnoouj, 1990). De ahí viene la resistencia popular a la «política de sistematización» impuesta por Ceaucescu (Cuisenier, 1989).

La urbanización «socialista» (Mihâilescu, 1995) de las décadas de 1970 y 1980 generó un proceso de desestabilización social, de readaptación a los cambios que estaban en curso, pero, a la vez, una parte significativa de los rumanos reivindicó las formas tradicionales de la vida campesina, aunque hubieran migrado a las ciudades (Gagyi, 1999: 70). Sea como fuere, el tradicionalismo ayudó a soportar el sistema totalitario con cierta docilidad, también por las relaciones paternalistas entre el «poder» y la «sociedad» (Bradus, 1993). Este paternalismo, como se sabe, es uno de los vectores que marcan la solidaridad rural premodernista. En 1989, con el fin de la dictadura, las características premodernas de la sociedad rumana se atenuaron, pero no desaparecieron (Gagyi, 1999).

Durante la vigencia del «régimen comunista», la industrialización de Rumanía se produjo bajo los auspicios de un modelo de modernidad. Pero ese modelo entró en quiebra a partir de 1989, cuando se adoptaron medidas para desmantelar la economía centralizada del Estado. Se privatizaron industrias y se atrajo a inversores extranjeros, aunque los resultados inmediatos conllevaran unos costes de transición elevados. Lo que se veía en Rumanía a principios de los años 2000 era una industria decadente, que fue el móvil de una modernización que no llegó a concretarse. Los jóvenes rumanos, de manera general, estaban escolarizados, pero la estructura productiva no les ofrecía oportunidades de empleo. La ciudad atrajo a los jóvenes rurales que huían de la penuria. Pero la situación de muchos jóvenes urbanos no era mucho más cómoda. Ellos fueron las grandes víctimas del desempleo surgido con el desarrollo de la economía terciaria, que emergió de los destrozos de la quiebra del modelo de modernidad basado en industrias obsoletas.

En comparación con generaciones anteriores, los jóvenes rumanos eran los que, ideológicamente, más abrazaban los valores de la posmodernidad. Sus sueños de consumo y las inversiones estéticas en su apariencia prefiguraban una cultura de culto al cuerpo. Basta pensar en las jóvenes campesinas en biquini o en los jóvenes que, en cuanto llegaba la primavera, se subían a los tejados en bañador para broncearse. Incluso en los medios rurales, los jóvenes invertían en dar estilo a su apariencia, seguían la moda urbana y pedían discotecas donde poder dar salida a sus impulsos de diversión, que no eran los tradicionales, sino los definidos por la cultura urbana y globalizada. La proliferación de valores hedonistas entre los jóvenes rurales y las dificultades crecientes para entrar en el mundo laboral los llevaban a buscar una socialización por medio del consumo o, mejor, por medio de sueños de consumo que se identificaban con la oferta publicitaria en los medios de comunicación. Encontramos esos rasgos de posmodernidad en los valores que los jóvenes rurales daban a la expresividad, al individualismo, a la seducción y al narcisismo. En un encuentro con jóvenes rurales de Sarata, donde también había algunos adultos, presencié la vergüenza que pasó una chica cuando se puso en pie para hablar. Se sentía observada por todos y se tiraba constantemente hacia abajo una camiseta corta que insistía en dejarle el ombligo a la vista. La tensión que vivía esa joven era sintomática del conflicto de modelos culturales que guiaban las formas de vida de esos jóvenes rurales.

Los modelos sociales descritos anteriormente —de la premodernidad, la modernidad y la posmodernidad— configuran redes complejas de transición hacia la vida adulta. Esa complejidad proviene de la coexistencia de tres generaciones diferentes, moldeadas por trayectorias premodernas, modernas y posmodernas. Este cuadro implica que, en Rumanía, las relaciones intergeneracionales se caractericen, formalmente, por unas asimetrías de poder y de autoridad, aunque existan flujos recíprocos de socialización —no siempre desprovistos de tensión— entre las generaciones contemporáneas. El dilema de la joven de Sarata, con su camiseta ambivalente, ilustra esta tensión. Otro ejemplo de tensión es la dificultad que existe en los medios rurales de definir la categoría «joven». En Sarata habíamos expresado nuestro deseo de reunirnos con un grupo de jóvenes rurales, pero, cuando llegamos a la sala donde se realizó el encuentro, nos sorprendió comprobar que nos esperaban «jóvenes» de 15 a 45 años, lo cual no impidió que estableciéramos correlaciones simbólicamente significativas entre los distintos estilos, edades y convergencias identitarias.

Se discute bastante sobre las políticas de juventud que podrían asegurar mejor un buen futuro a los jóvenes rumanos. Sin embargo, algunas medidas que se han tomado de manera aislada son una réplica de las políticas del pasado más remoto y una herencia de las indefiniciones y ambigüedades del pasado más reciente. En el «régimen comunista» se creía que el problema de la socialización de los jóvenes —tanto en la educación como en la formación política— sólo podía resolverlo de manera satisfactoria el Estado. Se vivía en un régimen que consagraba la estatalización de la juventud. En la Constitución de 1965 (artículo 3.º), se definía el Partido Comunista como «la fuerza política dirigente de toda la sociedad». Se impedía cualquier iniciativa que no saliera del Partido, de sus cúpulas (Bradus, 1993). La misma Constitución dividía a los ciudadanos de Rumanía en dos categorías: los miembros del Partido Comunista eran «los ciudadanos más avanzados y conscientes de la sociedad» (artículo 26.º). Por otro lado, todas las iniciativas de la sociedad civil se consideraban sospechosas; incluso se llegaron a prohibir los clubs de bridge. El régimen de Ceausescu transformó la sociedad rumana en una masa amorfa de individuos a quienes se les impedía manifestarse como ciudadanos (Bradus, 1993). Los sucesos de 1989 marcaron el surgimiento de una nueva fase: la de la *desestatización de la juventud*. De esta forma, se despolitizó la formación de la juventud y al Estado sólo le cupo administrar los medios de fomento de esa formación, que, desde entonces, se dinamiza a través de instituciones privadas (ONG) y asociaciones juveniles. En el año 2000 existían en Rumanía unas 23.000 asociaciones juveniles no gubernamentales, dos tercios de las cuales se concentraban en las grandes ciudades; en ellas, paradójicamente, sólo participaba un pequeño número de jóvenes rumanos (*National Report on Education for All*, 1997: 7).

La baja participación de los jóvenes rumanos en las estructuras formales del asociativismo se contrarrestaba con las sociabilidades juveniles alternativas, de naturaleza *performativa*. Durante mi segunda visita a Bucarest, me impresionó la multitud de jóvenes que, en anchos jardines y avenidas, se deslizaban sobre patines y monopatines (*skates*). Descubrí que en la ciudad existía un importante punto de encuentro de los *rollers*: el Herastru Park. Esta performatividad patinadora se transfiere a otros escenarios. Por ejemplo, a muchos patinadores les apasiona el billar. En ambos casos, estamos ante destrezas del arte de rodar. Estos jóvenes sólo necesitan un «espacio liso» (Deleuze y Guattari, 1994: 487) para poner a prueba sus destrezas. Probablemente, este espacio de abertura es lo que les falta en realidad para poder hacer que sus proyectos de vida vayan sobre ruedas. Y, por eso, escogen otros escenarios, como un país extranjero.

De hecho, las difíciles condiciones para sobrevivir en Rumanía han originado una considerable propensión a la emigración. Se calcula que entre ocho y diez millones de rumanos viven fuera de su país, la mayoría en Europa occidental y en Estados Unidos. Hasta 1989 se emigraba por motivos políticos. Muchos de estos emigrantes fueron acogidos en universidades y centros de investigación de Estados Unidos y Europa occidental (Cuisenier, 1995). Aunque en la segunda mitad de la década de 1990 las estadísticas oficiales mostraran una disminución del flujo emigratorio de la población jóven rumana, ese dato no refleja una reducción de la propensión a emigrar. Sucedió que se endurecieron las medidas adoptadas por los países receptores. En cambio, aumentó la emigración clandestina. En varios países de Europa occidental, es considerable el número de jóvenes rumanos que, aunque tengan formación universitaria, desempeñan trabajos no cualificados. Por otro lado, las redes de trata de blancas son cada vez más activas secuestrando o captando jóvenes de Europa del Este. Muchos de los jóvenes rumanos que emigran tienen cualificaciones académicas razonables. Sabemos que en los países denominados «socialistas» la cualificación de su población era relativamente superior a la de los países capitalistas con un desarrollo equivalente. En Rumanía coexisten dos tipos de «fuga de cerebros» (Rhode, 1993): el externo, caracterizado por la emigración de jóvenes cualificados a otros países; y el interno, determinado por el abandono, dentro del propio país, de las actividades de ciencia e investigación a cambio de oportunidades de trabajo, aunque sean precarias. Sin embargo, el deseo de muchos jóvenes rumanos es abandonar su país en busca de unas condiciones de vida que no encuentran en Rumanía, una aspiración que ha provocado el aumento del abandono escolar.

Del brazo de Mihaela y Schütz

> Los jóvenes no tienen trabajo y roban. Hay muchos rumanos que roban..., van a Francia..., llevan muchas cosas a Rumanía, para venderlas. Es un país que a veces... es una vergüenza. Falta empleo... y si no hay empleo no hay dinero... Hay mucha gente que está... en el extranjero. ¡Jóvenes! Ninguno termina la escuela... y se van a Portugal, Italia, Francia, España, ¡a todas partes! [...] Todos quieren emigrar. Si te quedas en Rumanía no tienes ni la oportunidad de tomar un café.

Analizando la situación de los jóvenes rumanos, Mihaela introdujo en la ecuación la posibilidad de emigrar para resolver los problemas de su vida, haciendo un análisis de «coste-beneficio» que le permitiera encontrar el valor de «x», la incógnita invertida en la decisión de emigrar. Con 22 años, hace casi tres que está en Portugal y ya se expresa en portugués. Los factores estructurales de recesión económica actúan a favor de la emigración, afectando no sólo a la decisión de partir, sino también a la de quedarse (Pires, 2003: 75), sobre todo cuando se cruzan con desequilibrios asociados al desempleo o a la pérdida de fuentes de sustento.

> Tuve una vida complicada en Rumanía. En diciembre de 2002 murió mi padre. Cuando perdemos a un padre... nos faltan muchas cosas. Un padre siempre trae dinero a casa, traía muchas cosas, ¿no? [...] Mi madre también se quedó sin trabajo. Estaba trabajando en una oficina, pero la empresa se fue a la quiebra y ella se quedó sin trabajo.

Mihaela tiene una hermana mayor y tres hermanos más pequeños. Cuando murió su padre, estaba estudiando. Después, empezó a trabajar por las noches de camarera en un restaurante. También trabajó en una tienda de ropa, además de limpiar en casa de una señora amiga de la familia, que siempre le daba «algún dinerito». Su madre, que ahora tiene 46 años, nunca le pedía dinero: «trabajas, el dinero es tuyo». Ahora envía una parte del dinero que ahorra a su madre, lo que puede, para ayudarla, ya que sus hermanos siguen estudiando. La decisión de emigrar a Portugal tuvo múltiples determinantes: la insatisfacción con las condiciones de vida en Rumanía («No se puede vivir en Rumanía. No hay trabajo, y cuando lo hay, trabajas mucho y cobras poco... No se puede salir, tomar un café...»); la situación financiera de la familia al poco de la muerte del padre, agravada por el desempleo de la madre; y, finalmente, los «contactos» que tenía en Portugal. Un primo rumano que había emigrado seis años antes a Portugal la apoyaría en lo que hiciera falta. Mihaela habló con una prima y decidió aventurarse. Después vino su hermana. Actualmente, vive en una pequeña casa con una amiga rumana y su hermana, con quien comparte habitación.

Las experiencias que vivió Mihaela desde que decidió dejar Rumanía ilustran bien la situación del «forastero» cuando llega a otro país e intenta interpretar una matriz cultural desconocida. Para intentar entender sus dificultades para adaptarse, sugiero que vayamos del brazo de Schütz (1898-1959) y sigamos de ahora en adelante, a pies juntillas, el itinerario que el sociólogo austríaco nos propone en su artículo «The Stranger: an Essay in Social Psychology». Para Schütz (1944), el «forastero» tipifica a alguien que busca que una parte del grupo o de la sociedad a la que llega lo acepte socialmente o, por lo menos, lo tolere. El inmigrante encaja bien en esta tipificación. Cuando llega a Portugal, Mihaela intenta ordenar el conocimiento del «nuevo mundo», intenta descubrir las significaciones sociales que, de manera más relevante, establecen el modo cultural de ser portugués, seleccionando los aspectos potencialmente útiles en los que centrar sus esfuerzos para adaptarse o para superar los obstáculos.

Al principio, a Mihaela no le interesa tener un conocimiento exhaustivo de las valoraciones o los sistemas de orientación de la matriz cultural de la manera de ser portuguesa. Lo que desea, para empezar, es un «conocimiento gradual» de elementos significativos para actuar según las normas que tejen esa matriz cultural. O sea, el mundo se le aparece estratificado en diferentes capas de significación y cada una le exige un grado diferente de conocimiento. Para ilustrar esos «estratos de significación», Schütz recurre a la metáfora de la cartografía. Presenta diferentes *perfiles hipsográficos de significación* y sugiere que las personas tienden a distribuir diferentemente sus intereses en términos de intensidad o de alcance. Como un cartógrafo, que por medio de perfiles hipsográficos conecta puntos que tienen la misma altitud con el objetivo de reproducir adecuadamente la forma de una montaña, el inmigrante también vincula sus actos a elementos que tienen la misma significación. En una representación gráfica, estos *perfiles de significación* aparecerían representados por múltiples zonas dispersas de un mapa con diferentes configuraciones y formas. Tomando de William

James (1988) la idea de dos tipos de conocimiento —el «conocimiento por trato directo» y el «conocimiento sobre»—, Schütz sustenta que, en el campo cubierto por los perfiles de significación surgen *centros de conocimiento explícito* sobre el rumbo tendente de lo que puede ocurrir. Estos centros de conocimiento aparecen rodeados de una aureola de criterio sobre lo que parece suficiente saber («conocimiento sobre»). Unos patriotas con experiencia emigratoria le proporcionaron ese tipo de conocimiento a distancia. Le hablaron de la buena comida portuguesa, del sol, de las playas, de la lengua que aprendería fácilmente debido a sus raíces románicas. Mihaela empezó a aculturarse a Portugal mentalmente, incluso antes de llegar. Sus primos aumentaban las imágenes positivas de Portugal: le llevaron un delicioso vino de Oporto, le hablaron del fado, alimentaron sus percepciones con sentidos positivos. Por lo tanto, se decidió por Portugal debido a los contactos que tenía allí, principalmente su primo. Él le proporcionó las primeras imágenes del país y le aseguró que la ayudaría:

> Tras la muerte de mi padre, [mi primo] me llamó para saber si quería ir a Portugal, que me ayudaría. Como tenía una vida difícil, mi padre había muerto, era complicado, y pensé: es mejor que vaya a trabajar para poder ayudar a mi familia, ¿no? Después llamé a mi prima, porque ella también quería ir... Pero teníamos un problema, no teníamos dinero, pero lo conseguiríamos. Alguien se lo prestó a los padres de mi prima. ¡Bastante dinero! ¡Casi ochocientos dólares!

Cuando llega a un nuevo país, el migrante se encuentra en una región que lo invita simplemente a «confiar». En las regiones adyacentes descansan las esperanzas y las suposiciones. Entre unas y otras, hay zonas de completa ignorancia. Todas estas regiones forman, para el migrante, diferentes perfiles de significación. Cuando se subió al avión que la llevaría a Lisboa, Mihaela sabía que su primo la esperaría en el aeropuerto y que dormiría en su casa, aunque tuviera una reserva de hotel de cinco noches. Cuando llegó, el esperado abrazo de su primo confirmó esa «confianza».

> Vine en avión, con billete de turista. Nos gastamos mucho dinero para llegar porque no nos informamos muy bien. Podríamos haber venido en autocar y pagar sólo doscientos y pico. Pero vinimos en avión, mi prima y yo. Nos gastamos mucho, mucho dinero. ¡Ochocientos dólares! Que eran para pagar el avión y, después, cuando llegáramos a Portugal, cinco noches de hotel. Teníamos la reserva, así podíamos entrar [...]. Compramos los billetes en una agencia, dijeron que era mejor ir como turista.

Los preparativos debidos o aconsejados para que el viaje transcurra «como debe ser», es decir, sin sorpresas, forman parte de la «región de confianza». Esa expectativa da un sentido a la reserva de un hotel por «cinco noches», sin alojarse en él, o que se acepte la sugerencia de la agencia de ir «como turista». La reserva del hotel es sólo una artimaña para facilitar la entrada en el país como turista. Mihaela admitió posteriormente que no la habían informado bien, ya que en lugar de haber ido en avión podría haber ido en autocar, pagando mucho menos. Sin embargo, la agencia de viajes puede suponer que es más natural que un turista viaje en avión en lugar de hacerlo en autocar. Los agentes de aduanas verían al supuesto turista de otra manera. También en este caso, el medio de transporte adquiere diferentes niveles de significación.

Al cuestionar los diferentes perfiles hipsográficos de significación de la vida cotidiana, Schütz nos alerta sobre el hecho de que el conocimiento que actúa en el ámbito de la vida cotidiana puede no ser homogéneo. Al contrario, es un conocimiento «incoherente», sólo «parcialmente claro», y no está exento de «contradicciones».

En primer lugar, es un conocimiento incoherente en la medida en que los intereses que determinan la significación de lo que se indaga no integran ningún sistema coherente. Estos intereses sólo se encuentran organizados en planos segmentados de vida; por ejemplo, con relación al trabajo, a la educación, a la familia o al ocio. Sin embargo, la jerarquía de estos planos cambia según los contextos sociales, las trayectorias biográficas o los humores cambiantes de personalidad. El cambio recurrente de intereses produce una transformación ininterrumpida en los perfiles de significación del mundo a su alrededor. Cambia no sólo la selección de lo que es cuestionable, sino también el propio grado de conocimiento al que se aspira. En el caso de Mihaela, la primera semana en Lisboa correspondió a un tiempo de descubrimientos, debido a la oportunidad de conocer un país diferente. Posiblemente se tomó algún café en una terraza, algo para ella poco común en Rumanía. Después vino el tiempo de las «incertidumbres» y de las «ignorancias». Incertidumbres cuando la necesidad de encontrar trabajo se convirtió en una prioridad de difícil concretización. Ignorancias que, para empezar, pasaban por el desconocimiento de una lengua extraña.

> No entendía nada cuando salía a comprar cualquier cosa... No entendía nada: ni buenas tardes, ni buenos días, ni gracias. No sabía nada.

Incluso ahora, que ya habla bastante bien portugués, Mihaela se siente discriminada por tener un acento que la identifica como extranjera.

> Cuando voy a algún sitio y pido algo..., y como me cuesta hablar..., bueno, ahora ya hablo bien, pero... el acento..., se ve que soy extranjera... «¡Ah, hablas muy mal!» [le dicen]. A veces les contesto mal. «Bueno, no hace falta que te pongas así, ¿vale?». A veces me olvido de cómo se dice algo, no digo nada y me voy.

En segundo lugar, el conocimiento del día a día sólo se reivindica inequívocamente claro de manera parcial sobre los principios que gobiernan la vida social. Mihaela tiene un teléfono móvil, pero poco le importa saber qué principios electrónicos lo hacen funcionar. En el supermercado compra latas de atún y de sardinas, sabe que la conserva de esos productos se hace con aceite portugués, según pone en el rótulo, pero no tiene ni idea de en qué mar se pescaron esas especies ni dónde se enlataron. Paga en euros, pero no piensa en el dinero como equivalente general de intercambio. Cree que su dominio de la lengua portuguesa ya es suficiente para que la entiendan, se regocija con el hecho de poder expresarse en varias lenguas, pero no cuestiona el milagro que hace que sus pensamientos puedan traducirse en esas diferentes lenguas.

Finalmente, en tercer lugar, el conocimiento del día a día no es congruente, ya que puede contemplar, simultáneamente, varios enunciados incompatibles o conflictivos entre sí. Por ejemplo, con relación a Portugal, Mihaela tiene las más diversas y contradictorias opiniones. No se trata de ninguna falacia lógica. Normalmente, el pensamiento se adapta a distintas situaciones; adquiere diferentes valencias o niveles de significación.

> Vosotros, los portugueses, creo que sois más fríos... con la gente del Este. O yo soy diferente de vosotros..., no lo sé... Pero algunas personas que he conocido me caen muy bien, ¡portugueses!

La representación homogeneizante de los portugueses también se deshace cuando la realidad muestra que no se comportan del mismo modo. Una vez, Mihaela tuvo problemas con una jefa que se desdijo de lo que habían acordado con relación al pago de los días festivos trabajados.

No se acordaba de lo que habíamos hablado. Que yo no se lo dije bien, que me olvidé de lo que dije... ¡La culpa era mía, que no sabía lo que había dicho! Pensaba: «Tonta no soy, porque sé lo que estoy diciendo».

Ahora Mihaela trabaja como asistenta externa, tres días por semana, en casa de un matrimonio mayor y no tiene motivos de queja, todo lo contrario.

Son muy amables [...]. No hay ningún problema. Si me respetan yo también respeto. Ayer, como era festivo, tenía que trabajar en su casa pero me dijo: «Mihaela, como tenemos derecho a un día de fiesta, tú también lo tienes»... Me pagaron el festivo y no trabajé. Es la primera vez que alguien hace esto por mí. ¡La primera! Son simpáticos conmigo.

El sistema de conocimiento adquirido —incoherente, incongruente y sólo parcialmente claro— reviste, sin embargo, niveles de significación diferentes para los miembros del *endogrupo* (naturales del país receptor) y los del *exogrupo* (forasteros). Para los primeros, el conocimiento adquirido cobra contornos coherentes y no pone en entredicho la probabilidad razonable de comprender o ser comprendido. Es decir, quien nace o se educa en el endogrupo acepta normalmente los estándares de las directrices culturales en las que se ha socializado. El conocimiento sobre la vida cotidiana está organizado por estos capitales, que son sociales en la medida en que resultan de procesos de socialización. Se trata de un conocimiento de «recetas dignas de confianza» para interpretar el mundo social. Por otro lado, los migrantes, cuando llegan a un país nuevo, no dominan ese «pensamiento habitual». Todo o casi todo les parece cuestionable: no saben con qué «recetas» tienen que cocinar su comportamiento, son ajenos a una tradición histórica que es el condimento de esa gastronomía cultural que les es extraña. En el caso de Mihaela, ciertamente estará dispuesta a compartir experiencias del presente y del futuro con quienes viven en el país de acogida, pero se siente excluida de las experiencias del pasado. Un ejemplo de esta situación de desajuste puede ser el primer trabajo que encontró Mihaela, dos largos meses después de su llegada a Portugal. Sus primos se esforzaron bastante para encontrarle rápidamente un empleo, pero siempre se interponía el obstáculo de la lengua, ya que Mihaela no sabía hablar portugués. Hasta que encontraron en Lisboa a una joven pareja de abogados, con un bebé de dos meses, que la contrató como asistenta: un año viviendo en casa y cinco meses externa, cuando se fue a vivir con su prima.

> Limpiar la casa, saber cómo se cuida a un bebé: darle de comer, ponerle a dormir, pasear, jugar; hacer la limpieza de la casa, planchar, todo. Como el bebé tenía dos meses, no sabía hablar. Era bebé y no sabía hablar, y yo tampoco [sonríe]. La pareja siempre me escribía las cosas en un papel, que yo no entendía, pero mi primo me lo traducía.

Los domingos, que tenía fiesta, Mihaela le llevaba los papelitos a su primo, que le traducía las tareas domésticas que tenía que hacer: limpieza, cuidados del bebé, etcétera. Los problemas de comunicación eran tales que, en casa de la pareja, no conseguía hablar con nadie, excepto con el bebé.

> Siempre le hablé en rumano al bebé. No sé si todavía sabe rumano... Le sigo hablando en rumano y creo que... se le queda, se acuerda de las palabras que siempre le decía.

Las dificultades con relación al «pensamiento habitual» de la pareja surgían de forma más considerable a la hora de las comidas. Mihaela no aceptaba que tuviera que comerse «las sobras» en un rincón de la cocina, como si fuera un perro. Sabía que estas cosas pasaban en los culebrones o en las películas, pero «confiaba» en que no pasara en Portugal. O sea, la «región de confianza» que le daban determinadas idealizaciones sucumbía con el choque de las suposiciones no justificadas.

> Adoro a aquel niño, siempre voy a visitarlo..., pero me trataron muy mal en esa casa, sé lo que sufrí... ¡Nunca comí con ellos en la mesa! No sé cómo es aquí en Portugal, si es normal. Porque lo veo en los culebrones. En las películas veo este tipo de cosas [...]. No me gustaba porque estaba acostumbrada a comer con mi familia siempre en la mesa, a conversar [...]. A veces lloraba. Lloraba porque no sabía hablar [...]. Después pensaba que no soy un perro, un animal, para que me trataran así. No podían hacer algo así. Primero cenamos nosotros, después cenas tú, Mihaela. Te comes lo que sobre. Eso me dejaba muy triste.

Para un inmigrante, la matriz cultural de su grupo de origen es el resultado de una evolución histórica ininterrumpida que está presente en la biografía personal de quien se ha socializado en el marco de esa matriz cultural.[1] Por esta misma razón, Mihaela llega a Portugal trayendo en su maleta directrices culturales del grupo de origen que chocan con otras que le son extrañas. No acepta comer a cualquier hora, mucho menos comer después de los demás, obligada a estar siempre disponible para atender al bebé cuando llora. La experiencia familiar —Mihaela tiene tres hermanos pequeños— le sugiere que los bebés pueden llorar «un poquito», pero éste no es el punto de vista de la joven pareja portuguesa que acaba de tener a su primer retoño.

---

1. Eso no significa que esa matriz cultural sea inmutable u homogénea. Además, al utilizar conceptos que Schütz cita con frecuencia, como «grupo de origen», «patrones culturales del grupo de origen» y otros equivalentes, conviene ser crítico con la idea de que esos conceptos recubren realidades simples y homogéneas. De otro modo, no se entenderían las actitudes posmodernas de algunos jóvenes rumanos.

> Cuando llegué aquí no estaba tan delgada. Tenía un horario para comer. Pero ellos establecían esa separación. Cuando hayamos comido, comes tú. No me gustaba [...]. No decían: «Mihaela, come descansada aquí»... Si el bebé lloraba... «Mihaela, ve a ver qué le pasa»... A veces los bebés lloran, pero se les deja llorar un poquito.

Es posible que la adaptación de los inmigrantes sea más fácil en actividades profesionales que no contemplen requisitos culturales específicos o destacables. Supongo que no habrá tantas diferencias entre la manera portuguesa y rumana de enladrillar o recoger la basura de las calles. No se puede decir lo mismo con relación a la gastronomía.

> Cuando entré en aquella casa, la señora me dijo: «Mira, mi madre vendrá y te enseñará cocina portuguesa». Porque yo sé cocinar, pero la comida de mi tierra, ¿sabes? Tengo que aprender muchas cosas todavía, pero puedo decir que gracias a Dios sé cocinar. Mi madre me ha enseñado muchas cosas. No me voy a morir de hambre. Siempre he trabajado en mi tierra. ¡Allí no hay asistentas! Te arremangas y cocinas, ayudas a tu madre, limpias, ¡no hay asistentas!

Es admisible que el rechazo del estatus de «asistenta» resulte, en el caso de Mihaela, de la comparación que hace de los «quehaceres habituales» en un país y en otro. Este rechazo la lleva a afirmar que no existen asistentas en Rumanía. Por la misma lógica, rechaza todas las señas indumentarias que refuerzan simbólicamente el estatus de criada.

> ¡Me hacían poner uniforme! Pero cuando entré en esa casa era marzo. Hacía frío. Provengo de un país frío, pero no aguantaba aquel frío, con aquel uniforme tan fino [...]. Y ella: «Uniforme, uniforme, uniforme». Se dio cuenta de que no me gustaba mucho... y dejó que me vistiera como quisiera. Pantalones y jersey. Cuando llegó el calor, pantalones y camiseta.

La pareja fue sensible a las reivindicaciones de Mihaela. Sólo no transigía en situaciones en las que, según la costumbre burguesa «habitual», se imponía una exhibición ostentosa de la criada, lo que ocurría cuando había visitas o eventos ceremoniales. En esos casos, le pedían a Mihaela que llevara el uniforme, como sucedió cuando bautizaron al bebé (muy tardíamente, según los patrones culturales de Mihaela).

> Lo bautizaron muy tarde. En mi tierra, a los dos meses los niños ya están bautizados. Pero aquí no. La señora me dijo: «Mihaela, no te olvides de ponerte el uniforme»... para diferenciar quién es el señor y quién es el empleado, no sé... Llevé el uniforme... ¡pero me olvidé los zapatos! Cuando llegué: «Mihaela, ponte el uniforme». ¡Pero me había olvidado los zapatos!

Mihaela se divorció del uniforme, con mucho pesar por el bebé. Se fue a vivir a casa de sus primos, donde ya vivían otros rumanos.

> Viví con mi hermana, mi prima, más hombres y mujeres en la misma casa, mucho jaleo, mucha gente... Vivimos así por necesidad, no porque queramos. Para pagar un alquiler más barato.

Mihaela estuvo durante un tiempo buscando trabajo intensamente. Los anuncios de oferta de empleo que aparecen en los periódicos dirigidos a inmigrantes del Este[2] exigen a menudo el dominio de la lengua portuguesa y otras competencias culturales. Por ejem-

---

2. Con la dedicada ayuda de Olga, una inmigrante rusa, analicé el contenido de algunos números de un periódico semanal escrito en ruso: *Clobo* («La palabra»). La existencia de varios periódicos dirigidos a inmigrantes del Este sugiere que las relaciones sociales entre ellos son un amparo firme. Los periódicos consultados publicitan encuentros, contactos, anuncios de interés común. O sea, la «comunidad inmigrante» es un factor de acogida que debe considerarse.

plo: «Se necesitan colaboradores con conocimientos de portugués y otras lenguas»; «Se necesita señora con conocimientos de cocina portuguesa». Los trabajos que se ofrecen normalmente son precarios (por ejemplo: «Se necesita chica pianista 18/35 años para grabar CD») o temporales (por ejemplo: «Se necesitan trabajadores para recolectar fresas»). Otras veces surgen mediadores que cobran bastante por promesas de empleo: «Vendo un buen trabajo para señora de hasta 40 años»; «ayudo a encontrar trabajo en Francia»; «ofrezco consultoría para encontrar trabajo en Inglaterra, Canadá, España y Francia» (*Clobo*, 18 de junio de 2005). En busca de empleo, Mihaela avanzó titubeante, por ensayo y error, tanteando los desafíos y las oportunidades que aparecían. Estuvo dos meses desempleada hasta encontrar un trabajo.

> Aprendí muy rápido. Mi jefe confiaba tanto en mí que a veces me dejaba sola en la caja. ¡Llegaba a trabajar doce horas! ¡De pie! ¡Manejando dinero y hablando portugués! [...] Estuve ocho meses. Empecé limpiando mesas, después servía comidas, después cenas..., hacía café, servía pasteles..., tenía una parte de cafetería y otra para comidas y cenas. Después empecé a trabajar en la caja, manejando dinero... Pero ya estaba muy cansada, porque se aprovechaban. ¡Se aprovechaban mucho! Estaba muy cansada, me dolía mucho el brazo. De aguantar los platos en la mano... que pesaban mucho, llenos de comida... Servir casi trescientas comidas o cenas no es tan fácil... Servir rápido y aguantar los platos... En invierno llevaba sólo una camisa, porque ellos... Tenía que llevar pantalones negros y camisa blanca... Los que tenían más antigüedad llevaban jerséis... ¡pero ya no quedaban jerséis! Siempre iba con una camisa blanca muy fina y pasaba mucho frío. Me puse enferma por el frío también, no sé... Dolor en el brazo, muchos medicamentos...

Mihaela huyó de los trabajos intermitentes para volver a los domésticos. Por experiencia propia, fue aprendiendo que el secreto de la felicidad puede implicar acomodarse a ser lo que se puede cuando no se puede ser lo que se quiere. Pero, de nuevo, surgieron tensiones entre diferentes «maneras de cocinar» relaciones, expectativas, presupuestos culturales.

> Abusaban de mí. Mihaela haz esto, Mihaela haz lo otro... «Mihaela, mira, cocina este bacalao» [...], «yo no sé hacer bacalao» [...]. Y ella me miró y me dijo: «¡Yo tampoco!». Y me quedé así: me está diciendo que lo haga, pero ella tampoco lo sabe hacer.

Mihaela llegó a Portugal con patrones culturales de su grupo de origen en la maleta, a pesar de toda la información que —en forma de consejos— le llegó sobre los portugueses y su forma de vida. Mihaela utiliza esos patrones culturales de origen como sistemas de referencia incuestionables en su «concepción natural del mundo». Por eso, cuando llega a Portugal, mira a su alrededor e interpreta el nuevo ambiente social utilizando su «pensamiento habitual». La información y los consejos de sus primos rumanos, residentes en Portugal, fueron relevantes. Pero el encaje de ese conocimiento transmitido por «terceros» en su «pensamiento habitual» no estuvo exento de tensiones, contradicciones y una inevitable ansiedad para ponerlo a prueba. Es más, a menudo la incorporación de información preelaborada alimenta representaciones estereotipadas sobre el país de destino, su gente y sus costumbres. Con frecuencia, también, esas representaciones no resisten el encuentro con la realidad vivida. Del desajuste entre la realidad y sus representaciones puede resultar un sentimiento de aislamiento y soledad, como se adivina en algunos poemas melancólicos, publicados en periódicos, de inmigrantes del Este que viven en Portugal.

> Estoy en medio de gente / Como si fuera un desierto / Las caras son extrañas y la mirada, indiferente (Larisa Trofimova); Las lágrimas caen

de los ojos: kap-kap, kap-kap [...] / En la vida está todo alterado otra vez / No sé cómo me puedo ayudar (Yara) (*Clobo*, 18 de junio de 2005).

Schütz discurre sobre la inadecuación de esas ideas elaboradas de patrones supuestamente válidos. Esas ideas, que los que pretenden migrar construyen con base en información dispersa («consejos»), son propias de un observador que sólo vislumbra realidades imaginadas. Al llegar al país de destino, el migrante deja de ser un observador no participante para convertirse en un aspirante a miembro de la comunidad que lo acoge. Así, los patrones culturales de la comunidad de destino ya no son objeto de un pensamiento especulativo, sino dimensiones integrantes de un mundo concreto que debe ser dominado con acciones. Como consecuencia, esas ideas elaboradas a partir de patrones supuestamente válidos pierden significación y exigen un nuevo conocimiento. Pasando, por decirlo de alguna manera, del patio de butacas al escenario, Mihaela deja de ser una espectadora a distancia para convertirse en un miembro del reparto. Se ve partícipe de las relaciones sociales hasta ese momento sólo imaginadas. Por ejemplo, le habían dicho que se comía bien en Portugal, pero no se acostumbró inmediatamente a los gustos gastronómicos de los portugueses.

> ¿Sabes? No me gustaba el arroz, el arroz blanco. Nosotros no comemos tanto arroz. Comemos una vez al mes, creo. Pero vosotros coméis mucho arroz, como los brasileños [su novio es brasileño]. Pero ahora prefiero comer arroz que cualquier otra cosa. Y también he aprendido a hacer comida portuguesa.

Este simple ejemplo de cambio de gustos gastronómicos muestra que, para los inmigrantes, los nuevos patrones culturales se concretan en procesos de socialización reales. El alejamiento de esos patrones se transforma en cercanía. Ideas preconcebidas dan paso a experiencias vividas. Sus contenidos anónimos se transforman en situaciones reales. En otras palabras, la realidad vivida no es congruente con las creencias sobre la vida en esa realidad. Los dispositivos informativos relativos al país de destino, una especie de manta de retazos de «consejos» de aquí y de allá, resultan inadecuados porque reposan en un conocimiento que sólo sirve como un cómodo sistema para interpretar «su» modo de vida (el de los portugueses) y no sirve como guía para interactuar en el día a día. La validez de ese conocimiento se basa en un consenso prefabricado que tiende a oponer el «nosotros» (inmigrantes) al «ellos», sin reconocer las múltiples fragmentaciones que pueden existir dentro del «ellos». En consecuencia, el inmigrante no puede comprobar o refutar ese tipo de conocimiento antes de tener la oportunidad de contrastarlo con las respuestas que «ellos» (los del país de acogida) puedan dar en situaciones concretas de interacción. Es más: «ellos» tienden a considerar que este conocimiento es insensible e irresponsable, se quejan de los prejuicios, parcialidades y malentendidos que pueblan la mente de los inmigrantes. Éstos, a su vez, piensan exactamente lo mismo de «ellos».

> En todos los países existen personas malas, pero es imposible que una nación tenga sólo criminales. Entre nuestros compatriotas, hay mucha gente con estudios superiores, talento, que es honesta y trabajadora, pero los medios de comunicación portugueses lo ignoran completamente. Muestran una realidad unilateral y ofrecen una imagen negativa de ucranianos, rusos, moldavos y de los inmigrantes en general. [...] Todos los días la televisión muestra ladrones y prostitutas del Este (*Clobo*, 18 de junio de 2005).

A menudo, Mihaela nos advertía de que los elementos esenciales de su «pensamiento habitual», es decir, sus ideas preconcebidas sobre los portugueses, se contradecían cuando tenía la oportunidad de ponerlas a prueba en vivencias concretas del día a día. Las ideas preconcebidas, en cuanto representaciones, se deshacen enseguida en las interacciones y socavan la confianza del inmigrante con relación a la validez de su «pensamiento habitual». No sólo la imagen que se ha construido sobre el país de destino queda afectada, sino que también se ponen en entredicho los patrones culturales de interpretación de la realidad que eran incuestionables en el país de origen, pero que se revelan incongruentes en el país de destino. O, si no, las impresiones que resultan de los primeros contactos se relativizan con la vivencia de nuevas experiencias. Entonces, el inmigrante se siente desorientado. ¿Cómo puede convertir las coordenadas del «pensamiento habitual» de origen en coordenadas válidas de un nuevo «pensamiento» que no tiene nada de «habitual»? Mucha de la soledad del inmigrante se genera en esta duda angustiante.

Las dificultades para adaptarse tienen varios determinantes. En primer lugar, cualquier sistema de orientación presupone que todos los que lo empleen contemplen el mundo a su alrededor a partir de un centro que es él mismo. Como ejemplifica Schütz, para utilizar con eficacia un mapa, deben dominarse antes dos coordenadas: la situación con relación al terreno y con relación al mapa. Trasladando la metáfora al mundo social, significa que sólo los miembros del endogrupo —que tienen un estatus definido en su jerarquía y un conocimiento de ese estatus— pueden utilizar su matriz cultural como sistema de orientación natural y digno de confianza. Sin embargo, el inmigrante, como miembro de la comunidad a la que pretende incorporarse, se ve desposeído de cualquier estatus y, por lo tanto, carece de un punto de partida para orientarse. O mejor dicho: su estatus es de inmigrante y, si está en la clandestinidad y desprovisto de capitales económicos y escolares, tiende a estar sujeto a todo tipo de presiones y fragilidades.

En segundo lugar, los patrones culturales y los mapas de significación del mundo social sólo constituyen un núcleo de sistemas coincidentes de *interpretación* y *expresión* para los miembros del endogrupo. Para el inmigrante, no existe esa aparente unidad y tiene que traducir los patrones culturales del país de acogida a los de su grupo de origen, si es que tiene equivalentes interpretativos. En ese caso, los términos traducidos pueden comprenderse o reconocerse por recurrencia: están «a mano» aunque no los tenga «por la mano». Aun así, es obvio que el inmigrante no puede asegurar que su interpretación de los nuevos patrones culturales coincide con la de los miembros del endogrupo. Debe contar con que haya discrepancias fundamentales entre la visión de las situaciones y su manejo.

Sólo después de haber reunido un cierto conocimiento de la función interpretativa de los nuevos patrones culturales, el inmigrante puede empezar a adoptarlos —no sólo adaptarlos— como un sistema de su propia expresión. Quien aprende un nuevo idioma sabe bien la diferencia entre estas dos etapas del conocimiento: en una, está en entredicho la comprensión pasiva de una lengua; en la otra, el dominio activo del habla como medio para concretar acciones y pensamientos. Cuando Mihaela llegó a Portugal, empezó aprendiendo palabras básicas del portugués, pero pronto reconoció las dificultades que tenía para hacerse entender, incluso cuando utilizaba palabras tan claras como «agua».

> Hacía calor, estábamos en agosto, tenía mucha sed y pensaba en entrar en una cafetería para pedir agua. En realidad, quería una botella de agua. ¡De un litro! ¡Tenía tanta sed! Pero cuando entré en la cafetería... estaba llena, todos me miraban..., parecía que me miraban, no sé..., porque se me ve que soy extranjera, que no soy portuguesa... Cualquier portugués ve que soy extranjera. Entro en la cafetería y pido «agua». El señor me pregunta: «¿Quieres un vaso de agua o una botella de

agua?». Y yo: «Sí, sí...». No entendía lo que me decía... El señor no insistió más... Y me dio un vaso de agua. Un vasito pequeño de agua. Y yo..., esto no puede ser, ¡por el amor de Dios! ¡No aguanto con sólo este vasito de agua! Quería más. [...] Me bebí el vaso de agua y me fui... Tenía vergüenza, me parecía que todos me miraban.

No sabemos si «todos» miraban a Mihaela o si sólo le parecía que la miraban. En uno y otro caso, quizás podemos decir que la mirada que el otro construye como extranjero es el reflejo de un encuentro extraño que refleja el desencuentro con lo diferente. Cuando Mihaela llegó a Portugal, sus patrones culturales de origen no le garantizaron una probabilidad objetiva de éxito, sólo una posibilidad subjetiva, que tenía que comprobarse día a día, paso a paso. Esta posibilidad subjetiva es lo que impulsa el deseo de emigrar y, posteriormente, las expectativas de integración social. Mihaela, hasta que consiguió dominar un poco los patrones culturales del país de destino, se sintió desconcertada. Pero, paulatinamente, se fue adaptando. La experiencia le enseñó que, para adaptarse, no podía limitarse a tener un conocimiento aproximado de unos patrones culturales extraños por «contacto directo»; ni podía confiar en un vago conocimiento «sobre» esos patrones, transmitido por meros y dispersos «consejos» adquiridos cuando empezó a pensar en la posibilidad de emigrar. Tenía que aprender y cultivar un «conocimiento explícito» de los nuevos patrones culturales indagando no sólo «cómo» funcionaban sino también «por qué». Los «perfiles de significación» del inmigrante difieren radicalmente de los que comparten los miembros de la comunidad de destino.

    Estos hechos explican, según Schütz, dos características básicas de la actitud del inmigrante ante la comunidad a la que pretende integrarse: su «objetividad» y su «lealtad dudosa». La objetividad del inmigrante radica en la necesidad de examinar con cuidado y precisión lo que los miembros de la comunidad de acogida consideran que se explica por sí solo. Sin embargo, según Schütz, la razón más profunda de la objetividad radica en su amarga experiencia con relación a los límites del «pensamiento habitual». Esa amarga experiencia le advierte de la posibilidad de poder perder su estatus, sus valores e incluso su historia, sin contar con que su modo normal de vida puede ser cuestionado en cualquier momento.

> En mi tierra no sabía qué era tener dolor de cabeza. ¡Pero aquí tuve de todo! ¡Todo! Dolor de cabeza, de brazos, de espalda, ¡de todo! Pero ¿por qué? No lo sé. Creo que... quizás era estrés. Estos problemas... Cuando estaba en mi tierra vivía en casa de mi madre. Tenía de todo, comida..., todo... La cabeza no se preocupaba por tantas cosas... Ahora, si no tengo dinero para pagar el alquiler... ¡me quedo en la calle! Ahora tengo más problemas. Por eso el estrés, más problemas...

Así, se entiende que el inmigrante discierna —muchas veces con penosa claridad— los disturbios que en todo momento amenazan su concepción de «modo de vida normal», síntomas que pasan inadvertidos a los miembros del endogrupo, que continuamente confían en el curso normal de los acontecimientos. Cuando ocurren esos disturbios, surge la necesidad de tener un apoyo afectivo. En el caso de Mihaela, están sus primos y también su madre, a quien desearía visitar pero no puede, ya que todavía está como clandestina: «Todavía no tengo visado. Tuve un problema. Mejor no hablar de eso». Al estar lejos, su madre no es la confidente a quien puede contárselo todo. En este caso, la «objetividad» se guarda como una reliquia de intimidad. Las dificultades de la vida se ocultan, lo cual lleva a la madre a pensar que Mihaela vive en un país maravilloso. Este desconocimiento puede contribuir a propagar la creencia, entre otros potenciales emigrantes, de que vale la pena cambiar Rumanía por Portugal, España o cualquier otro país de la Unión Europea. Es más, parece ser un comportamiento común entre inmigrantes asumir una fachada optimista y positiva ante la decisión de emigrar. Ese comportamiento puede justificarse, dada la dificultad que tendrán de asumir el fracaso de su apuesta ante sus familiares y otros coterráneos. Los que se quedan generalmente tienen la expectativa, o incluso la seguridad, de que la apuesta salió bien incluso porque, en cierta medida, son sus potenciales beneficiarios.

> Ah, mamá, me duele la cabeza... Ah, mamá, me duele no sé qué... ¡No, eso no! Si tengo algún problema, no se lo digo a mi madre, porque sé que se preocupa mucho... Piensa... Si le digo que me duele la espalda..., quizás no es nada grave, pero ella piensa que es grave y se preocupa. Es mejor no decírselo.

Con relación a la «lealtad dudosa del inmigrante», es algo más que un prejuicio que se le imputa a menudo. El proceso de adaptación o asimilación no siempre es pacífico. Muchas veces, sólo la sucesión de experiencias acumuladas garantiza un conocimiento capaz de armonizar situaciones en desarmonía. Entonces, los hechos extraños pueden adquirir otro significado, aceptarse como coherentes en su aparente incoherencia. La adaptación es un proceso continuo de confrontación con lo extraño que, cuando se somete a la indagación, puede conducir a la familiarización. Las situaciones de cohibición surgen cuando el inmigrante se niega —por no poder o no querer— a sustituir patrones culturales de su cultura de origen por los de la cultura de acogida. En esas situaciones, el inmigrante se siente desorientado, se siente una especie de híbrido que vacila entre dos registros culturales. Entonces, vive la soledad de quien está entre dos mundos sin pertenecer a ninguno: «Lloraba todos los días, siempre, día y noche. Echaba tanto de menos a mi familia...». Sea como fuere, no es cierto que los sinsabores de la vida debiliten la creencia de que se puede venir a ser feliz en el país que se ha elegido para rehacerla.

El futuro se coloca en un mapa como si también fuera un país extranjero. La posibilidad de vivir para siempre en Portugal no se descarta. En este caso, se admite la posibilidad de reconstruir la familia, ya sea casándose o reagrupando a los miembros.

> Tengo novio, que es brasileño. Hace un año y cinco meses que estamos juntos, lo quiero mucho. Todavía no vivimos juntos..., pero pensamos hacerlo [...]. No sé dónde me voy a quedar..., lo más cerca posible de mi mamá.

La posibilidad de volver definitivamente al país de origen tampoco se descarta. El horizonte de posibilidades se amplía, apoyándose en múltiples argumentos que los inmigrantes tejen sobre dónde y cómo podrían vivir.

> Tengo que trabajar y ahorrar algún dinero, porque quiero volver a mi tierra, no voy a vivir toda la vida aquí, en el extranjero. ¿Por qué? Mi tierra es mi tierra, allí tengo familia, amigos..., mi lengua... También quiero hacer algo mejor para mí, para mi tierra. Aquí no sé si tengo oportunidades para avanzar en mi vida.

También las temporalidades del día a día se estratifican en diferentes capas de significación. El presente y el futuro se afrontan de manera diferente. Los jóvenes emigrantes que intentan huir de la miseria alimentan las expectativas de que el futuro se encargará de justificar los sacrificios del presente. Si esas expectativas no existieran, no valdría la pena plantear la hipótesis de emigrar. El futuro acomoda mejor los ideales que el pasado. El futuro no tiene límites, a no ser los de la imaginación que lo contempla. Es más reconfortante transferir los ideales del presente al futuro, porque éste no existe mientras no se alcanza y, por eso, imaginariamente es más plausible que el presente. El futuro idealizado, al contrario que el presente, es posible gracias al mero deseo de que se pueda concretar. Estamos obviamente ante un escamoteo que sustenta la esperanza cuando ésta sobrevive al pesimismo. Con este arrendamiento ficticio que proyecta ideales de vida en el futuro, las dificultades y decepciones del presente se soportan relativamente. ¿Es posible que este mecanismo explique la conocida capacidad de resistencia de los migrantes a las adversidades?

3. Ciudadanía y participación[1]

El conocimiento del mundo se hace en palabras. Ellas le dan sentido. Cuando a los habitantes de Macondo, en un día de sus «cien años de soledad», los atacó repentinamente una especie de amnesia, tuvieron miedo a perder el conocimiento del mundo. Ante la amenaza de olvido de lo que representaba un árbol, una casa, una vaca, decidieron escribir rótulos y colgarlos en las cosas cuyo significado temían perder: «esto es un árbol», «esto es una casa», «esto es una vaca»... Y así las palabras acaban diciéndonos lo que es el mundo cuando creemos que el mundo es la realidad que las palabras nombran. Pero a veces confundimos los nombres con la realidad que ellos nombran. Esto ocurre con muchos conceptos que se constituyen en «realidades nominales», como solía decir santo Tomás de Aquino. Es lo que sucede con el concepto de *ciudadanía* y muchas otras definiciones nominales a él asociadas, como las de «inclusión» o «exclusión» (Martins, 2004a). Podemos escribir un rótulo con la palabra «ciudadanía», pero no sabemos en qué realidad colgarlo.

Con la Revolución francesa, la idea de *ciudadanía* surgió asociada a la de la expresión más acabada del universalismo revolucionario. La lucha por la emancipación se hizo en nombre de dere-

---

1. Texto basado en una presentación hecha en la sesión de apertura del Simposio Internacional de la Juventud realizado en la Universidad Federal de Río de Janeiro en octubre de 2004. La traducción fue realizada por Mario Merlino.

chos universales en virtud de una ideología *asimilacionista* y, de algún modo, por respeto a una pluralidad de culturas cuya idea, por cierto, jamás le pasó por la cabeza a ningún jacobino (Ferry, 1990; Craith, 2004). Pero, cuando tratamos de encajar el rótulo de «ciudadanía» en la realidad presente, surgen inevitables problemas e interrogantes. Por ejemplo, ¿cómo es posible que los derechos universales convivan con derechos de segmentos de población que, como los jóvenes, abrazan modos de vida que reclaman pluralización, diferencia, identidad, individualidad? Es entonces cuando comienza a esfumarse la estabilidad de los conceptos. No es casual que el concepto de ciudadanía haya adquirido múltiples y contradictorios significados (Beiner, 1995; Bulmer y Rees, 1996). Lo peor que podemos hacer, en estas situaciones, es capitular frente a la inestabilidad del rótulo. O quedarnos aprisionados en sus significaciones originales. Samuel Taylor Coleridge describía las *ideas* como pensamientos vueltos hacia el futuro, por contraposición a los *epigramas*, que encapsulan pensamientos pasados. Decididamente, el rumbo que se impone es tomar el concepto de *ciudadanía* como una idea vuelta hacia el futuro, teniendo en cuenta la realidad del presente. Y lo que la realidad del presente nos dice es que, si la idea de ciudadanía sigue asociada a la defensa de los derechos universales, uno de los más relevantes es, sin duda, el derecho a la *diferencia*. Diferencia que los jóvenes buscan, sobre todo, en cuanto consumidores y productores culturales (Rosaldo, 1994). Tal vez podamos, con los jóvenes, aprender a mirar mejor las diversas caras de la ciudadanía.

¿Cara o cruz?

Me sorprende cómo, en el lenguaje corriente, los brasileños se tratan entre sí de «*caras*». Al referirse a alguien como «cara» están reconociendo implícitamente una individualidad, con su subjetividad inherente, su cara propia. Además, no es casual que «cara» esté presente etimológicamente en el *carácter*. Por otro lado, los jóvenes han descubierto otro término cuya riqueza simbólica vale la pena explorar: «*careta*», expresión que designa a una persona llena de condicionamientos y prejuicios, intérprete de valores superados, pasados de moda. A los verdaderos «caras» se les asocia un estatuto de legitimidad (*cara legal*). La otra cara de la moneda, «*coroa*», designa a una persona de edad avanzada e ideas retrógradas. De ese mundo consensual forman parte los «caretas», aunque no sea cierto que todo el consenso esté incorporado en tal designación (Vianna, 1997: 14).[2*]

Contra el régimen «carca» de estar en la vida (dominado por los «carrozas»), los jóvenes reivindican nuevas experiencias de vida que implican ser «descarado», es decir, actuar con atrevimiento, hasta con imprudencia, «plantando cara» o «dando la cara», «encarando» o «encarándose». El lado «carca» de la política no les interesa. En un documento publicado recientemente por el Consejo de Europa sobre la participación política de los jóvenes europeos (Lauritzen, Forbrig y Hoskins, 2004), el retrato que se nos ofrece es el de una juventud desencantada con las instituciones y los modos tradicionales de participación política. La confianza en las instituciones políticas está en franco retroceso (decrecimien-

---

2. Sin pretender establecer una equivalencia exacta entre estos términos y los usos en el español peninsular, *cara* se acerca a «tío» y también a «tronco» (amigo, colega, compinche), término interesante por su vínculo con la idea de apoyo y firmeza («es mi tronco», usado también en femenino, «tronca»: la afectividad que estabiliza). Lo más cercano a *careta* es «carca»: de ideas retrógradas, especialmente en religión, según señala Manuel Seco. Interesante también su proximidad fónica y semántica con «carcamal» (vejestorio). *Coroa*, por fin, es literalmente «cruz», la otra cara de la moneda. Como término aplicado a personas y comportamientos: «carroza», persona mayor, anticuada *(N. del T.)*.

to, descreimiento), lo que se refleja en un significativo abstencionismo electoral (Galland y Roudet, 2001). El panorama no es diferente en Brasil. En una reciente encuesta realizada entre cerca de nueve millones de jóvenes brasileños, de entre 15 y 24 años, sólo el 10% mostraba interés por la política (Dayrell y Carrano, 2002). El *poder carca* (de los «caraduras») busca entonces, desesperadamente, el llamado «encuadramiento de los jóvenes», es decir, busca encuadrar (encasillar) a los jóvenes en el régimen dominado por los carcas, no por azar designados también como «cuadriculados» (de mentalidad o conducta rígida o poco flexible, según Manuel Seco). Los jóvenes son vistos como *fuera de cuadro*, «fuera de las casillas», «alborotadores», «marginales», términos que apuntan a una *exclusión* que muchos jóvenes transforman en identidad para afirmar sus identidades.

Hablar de ciudadanía implica hablar de *caras*, de «troncos» o sostenes de identidades. De identidades *individuales* (de una persona, de una voz, de una posición, de una subjetividad) y de identidades *grupales* («nosotros», que nos asemejamos, con relación a «otros», que se diferencian de nosotros). Pero la ciudadanía se ha referido tradicionalmente a una persona «universalizada», a un «cara» (tronco) impersonal. Lo que propongo es que el concepto de ciudadanía contemple y reconozca las diferencias, especialmente las de los que no forman parte del «orden normal» de los encuadrados (encasillados). ¿Habrá ciudadanía sin el reconocimiento de la identidad de un *cara*? ¿En qué medida los atributos universalistas, generalmente asociados a la noción de ciudadanía, dan cabida a la reivindicación de subjetividades e identidades grupales? ¿Acaso el ideal de ciudadanía se cumple sólo en la defensa de la igualdad o, también, en el reconocimiento de la diferencia (Benhabib, 1996)?

Esta ciudadanía que defiende la autonomía del *cara* implica el reconocimiento de la afirmación de una identidad, de una voluntad propia, de un poder de decisión (Franck, 1999). ¿Por qué razón los jóvenes invierten tanto en su imagen visual? Porque las identidades son una construcción que se logra en la imagen, en el lenguaje, en las formas de comunicación y de consumo, recurriendo a múltiples estrategias escénicas (Canclini, 1995). El cuerpo es escenario de inversiones crecientes por parte de los jóvenes: se tatúan, se drogan, se perforan, adelgazan, se musculan, se broncean, se depilan... Las caras se maquillan, se perfuman, se exhiben con gafas originales, llevan peinados exóticos y coloridos (Pais y Villaverde, 2004). Entre las dos guerras mundiales, la moda se regía por una funcionalidad racional que la volvía uniforme, previsible, conformista. Hoy en día, los jóvenes miran tales vigencias como moda *carca*. Lo que cuenta es el cultivo de la imagen de sí mismos, encarada en toda su expresividad y sensibilidad (Negrin, 1999). Lo que hoy resalta es un «eclecticismo estilístico» (Connor, 1991), que vuelve efímera la propia moda y hace viable la performatización de identidades construidas como marcas de una supuesta individualidad. No estamos sólo ante una cuestión de modas (incorporadas), sino ante la necesidad de afirmación de identidades (intervenidas). De identidades que se ritualizan socialmente y, en ese sentido, los tatuajes, *piercings* y otras intervenciones corporales son marcas individuales y grupales.

Ellas individualizan los cuerpos marcados, pero también demarcan y acarrean así una diversidad de afiliaciones grupales (Haenfler, 2004), formas diversas de hacer hablar al cuerpo, de multiplicar su capacidad lenguaraz. Reclaman formas de participación y disputa cívica basadas en la relevancia del cuerpo y del control sobre el mismo.

En un escenario de fuerte reivindicación del derecho al uso libre del cuerpo, la ciudadanía se cuestiona cada vez más los dominios del *self*, del cuerpo, de la sexualidad, reflejando la individualización de la cultura. Como sostiene Giddens (1997: 56), los asuntos de la «política de la vida» proporcionan la agenda central para lo institucionalmente reprimido. Los derechos más apelativos son los que interfieren en el bienestar individual, como es el caso de los derechos del consumidor o los que se centran en cuestiones relacionadas con el género, la sexualidad, los estilos y la calidad de vida. La posibilidad de que reproducción y sexualidad se separen ha dado paso también a una variedad de vivencias de afecto y de opciones de vida. Asistimos cada vez más a una privatización de los dilemas del vivir cotidiano. Dilemas que implican la afirmación de identidades individuales en el plano de la sexualidad, de la expresión corporal, de los sentimientos, de la realización personal. Los derechos sociales son movilizadores en la medida en que expresan derechos individuales. Muchos de los movimientos sociales contemporáneos son manifestaciones de rebeldía frente a formas institucionales de represión de la individualidad (Muggleton, 2000). Realización personal y transformación social no son reivindicaciones mutuamente excluyentes (Calhoun, 1994).

En definitiva, no debemos fijarnos sólo en los atributos (epigramas) que caracterizaban el modo tradicional y abstracto de encarar la ciudadanía (derechos de responsabilidades, obligaciones, prerrogativas, etcétera), fuertemente sujetos a un «referencial adultocéntrico» (Castro, 2001: 13). Cuando se piensa en ella con referencia a los jóvenes, la ciudadanía no debe estar sólo vinculada al discurso de la «integración», dejando de lado el «reconocimiento de la diversidad» (Sandoval, 2003: 10); o sea, importa también explorar los movimientos juveniles de expresión cultural, sin olvidar los *sentimientos de pertenencia* y las subjetividades que se invierten en las relaciones de sociabilidad. Una comprensión cultural de esta «ciudadanía de la intimidad» (Plummer, 2003), que contemple el universo de los sentimientos y de las fantasías, nos ayudará a entender mejor la naturaleza de las inversiones emocionales de los jóvenes cuando están en juego identidades (individuales y grupales) no determinadas por intereses racionales (Frosh, 2001).

El «mostrar la cara» tiene evidentes ventajas —afirmación de una voluntad propia—, pero arrastra también el cotejo inevitable con caras de ideas diferentes. Al ser muchas veces mirados de reojo, los jóvenes acaban devolviendo, de rebote, los rechazos de los que son blanco. De ahí la contraposición del *cara* (legal) al *carca*, *carroza* o *cuadriculado*. La ciudadanía ha sido pensada, tradicionalmente, en forma de *cuadratura*. Se ha definido, en cada época, por los límites que se impone a sí misma. De ahí los conceptos derivados de *inclusión* (dentro de la cuadratura) y de *exclusión* (fuera de la cuadratura). Pero ¿debe el ejercicio de ciudadanía reducirse a estrategias de encerramiento, que sólo apelan a un encuadramiento cuyas virtudes no se discuten? El ejercicio de ciudadanía no puede disociarse del poder inventivo de los márgenes que se manifiestan, insurrectos, en relación con las estrategias de encerramiento y que cobran todo su fulgor en los juegos de apertura.

Las lógicas de *encerramiento* y de *apertura* se enfrentan en muy variados dominios de la vida, como el de la propia comunicación lingüística (Deleuze y Guattari, 1994: 103-104). Véase cómo la lengua portuguesa de los tiempos coloniales intentó imponerse —sin haberlo conseguido plenamente— a las culturas *caipiras* o «rústicas» de Brasil (Martins, 2004b). La lengua es una realidad variable heterogénea, pero aparece normalmente subyugada por una política de encerramiento. Por ello resulta homogeneizada, centralizada, estandarizada. La gramaticalidad de una lengua es un indicador de poder antes de ser un indicador sintáctico. La unidad de una lengua es fundamentalmente política. Pero, en su vivencia cotidiana, la lengua participa en «juegos de apertura», especialmente entre los que están al margen del poder. En el habla de los jóvenes es común el surgimiento de un lenguaje que connota sus propios valores. Producen una relexicalización del lenguaje, promueven un fluir de voces que se renuevan constantemente; crean palabras nuevas, las deforman o dan nuevos significados a las ya existentes. Podemos invocar en este caso la dicotomía *saussuriana* que opone la lengua al habla. La lengua remite a un sistema de convenciones y de normas que determinan cómo se debe hablar. El habla, en contrapartida, apunta a la práctica del uso lingüístico, la cual lleva a que los hablantes hagan usos diferentes de la lengua. El lenguaje obsceno de muchos jóvenes viene de otra escena: se inscribe en un movimiento polifónico que impugna o ignora la lógica de los discursos codificados por las gramáticas instituidas.

Las jergas lingüísticas siempre se han constituido en lenguajes de resistencia cuando se generan en los márgenes sociales (Burke y Porter, 1996). La jerga de los jóvenes es prueba de ello cuando contraponen el *cara legal* al *coroa* (carroza) o al *careta* (carca). La ironía se usa muchas veces para crear distancias por parte de quien se siente mirado a distancia. El *cara legal* puede incluso ser un delincuente, pero no deja de ser un *cara legal*. Puede hablar *legal*, aunque apenas domine la lengua portuguesa. Puede tener un trabajo ilícito que es mirado como *legal* (placentero) o tener un trabajo que *no es legal* (en el sentido de alienante), aunque esté vinculado jurídicamente a un contrato legal. El habla de los márgenes recurre frecuentemente a *antífrasis*, es decir, expresiones cargadas de ironía que manifiestan lo contrario de lo convencional. El *cara legal* (el «tío legal, el tronco») puede expresar una legalidad en la marginalidad, fiel a los códigos establecidos por ésta, al margen de la legalidad del mundo de los encuadrados (o encasillados). La legalidad que en los márgenes es considerada como legal no es de base jurídica o prescriptiva. Es de base cultural. El concepto tradicional de ciudadanía remite a la idea de que la vida debe ser vivida dentro de ciertos límites o patrones de convivencia y tolerancia, lo que presupone una base de legalidad formal, de conformidad con lo prescrito por el derecho de las obligaciones. Me gustaría proponer la discusión de la posibilidad de que nuevas formas de ciudadanía estén asociadas a expresiones culturales que toman lo legal no en el sentido jurídico sino en el cultural.

Deleuze y Guattari (1994: 103-104) hablan de lenguas «altas» y «bajas». Las primeras se asientan en el poder de las constantes, las segundas en la potencia de la variación. Son estas posibilidades de variación las que permiten los «juegos de apertura». La llamada pobreza —sea lingüística o cultural— es una restricción de constantes. Pero nada garantiza que la mejor forma del ejercicio de la ciudadanía sea la de comprometerse con las «constantes», en desmedro de la riqueza de las diferencias. Veamos el caso de la reciente prohibición en Francia del velo islámico. Si, en principio, la ley pretende un trato igual a los ciudadanos, independientemente de su origen étnico o nacional, en realidad se asiste a un asimilacionismo autoritario que pretende integrar a las minorías de acuerdo con los moldes de la mayoría. Bajo el velo de la laicización de la sociedad, el Estado laico acaba manifestando toda su intolerancia en relación con costumbres y manifestaciones de libertad religiosa que, aparentemente, no entran en colisión con el derecho de los demás. La ciudadanía *asimilacionista* es aquella que implica una conformidad con los límites de las constantes, promoviendo una aglutinación de los márgenes. El verdadero desafío no es la inclusión de las minorías en una mayoría de conformidad, de constantes. Importa contemplar, sobre todo, la posibilidad de abrir nuevos horizontes de vida a través de la capacidad inventiva de los márgenes, sean de lengua, de etnia o de generación.

Tradicionalmente, el concepto de ciudadanía establece fronteras y márgenes entre sociedades y grupos. Unos son encuadrados (los «incluidos»), otros desencuadrados (los excluidos, los marginales). Pero los márgenes se definen a partir del centro, es decir, de valores que son propios de «nosotros» (los encuadrados), en contraposición a «ellos» (los excluidos). Evidentemente, hay una ciudadanía de *derechos establecidos* que se perciben como estables, eternos, constantes. El derecho al voto (antaño conquistado) es un buen ejemplo de derecho establecido. Pero hay también una ciudadanía de nuevos *derechos conquistados*, cuya premura se justifica por las necesidades mudables de la vida. En este caso, podemos hablar de una ciudadanía participada.

Ciudadanía participada

Un modelo de *ciudadanía participada* nos lo ofrece un juego de ordenador que ha entusiasmado a muchos jóvenes, al comprobar que detentan el poder de participar en la creación de su ciudad. Me refiero al *SimCity*, lanzado en 1990 por Will Wright. El *SimCity* fue uno de los primeros juegos tendentes a explorar los fascinantes poderes de la emergencia *bottom up* (Johnson, 2003). Los sistemas *bottom up* se contraponen a los modelos deterministas *top down*, característicos de los encuadramientos impuestos. Tanto el aprendizaje como el actuar *bottom up* se dan en el mundo de la vida cotidiana, usando «información local» que puede llevar a un «saber global». En ese juego, el mundo *bottom up* está presente en las posibilidades de autoorganización de comportamientos emergentes. Al contrario de lo que ocurre con las ciudades planeadas de modo *top down*, la vitalidad de las ciudades proviene de los que informalmente circulan por el espacio público de la ciudad: la calle. La verdadera magia de la ciudad viene de abajo y no de los rascacielos, en los que parece estar enjaulada la vida social.

De manera recurrente, los jóvenes reivindican la calle como un escenario de cultura participativa. Veamos el caso de los jóvenes *skaters*. Para ellos, la calle es ámbito de un compromiso con la ciudad. De una experiencia sensorial de la ciudad hecha a través de la audición de los vehículos que circulan, de la visualización de los movimientos, de la absorción de los olores, de la vibración corporal de los deslizamientos. Los jóvenes *skaters* producen «espacios libres» en el dominio de las cuadraturas formadas por el «poder arquitectónico» de las ciudades (Menser, 1996). ¿Qué hacen los jóvenes *skaters* con el espacio urbano de la ciudad? Lo reinventan dándole nuevos usos y, de ese modo, producen un nuevo espacio, distinto del original. El cuerpo del *skater* dialoga con la arquitectura del espacio por donde se desliza, como si en ese «cuerpo a cuerpo» se produjese una nueva discursividad urbana. El *skater* se niega a aceptar el espacio como un dato preexistente. Le da una existencia propia cuando lo desafía a usos diferentes de los previstos o preestablecidos.

Las *performances* de los jóvenes *skaters* desafían las jerarquías espaciales establecidas por la arquitectura convencional de las ciudades; promueven una especie de comunidad «translocal» (Willard, 1998) de contestación a las fronteras espaciales; apelan a una rehabilitación del usufructo de un «espacio total», libre de las coerciones derivadas de planificaciones urbanísticas *top down*; redefinen el tejido urbano, creándole nuevos significados, tomando el espacio en una concepción de «usos múltiples». La arquitectura de las ciudades las segrega en espacialidades mutuamente excluyentes, de las que son ejemplo las cerradas comunidades de vecinos. Los *skaters* reivindican una vivencia democratizada de los espacios públicos de las ciudades.

Los conceptos de *espacialidad* y *territorialidad* connotan relaciones de poder y capacidades de inclusión y de exclusión. Las ciudades son aglomeraciones nodales especializadas, construidas en torno a una disponibilidad instrumental de poder social. Se constituyen en centros de control: son diseñadas para proteger y dominar, poniendo en juego una sutil geografía de límites y confinamientos (Soja, 1989: 13). Verificamos en ellas una sumisión de los espacios públicos, en los que debería potenciarse la ciudadanía, a flujos tecnofinancieros de la economía. Los jóvenes *skaters* descubren en el espacio de regulación de las ciudades una oportunidad de producción de otros flujos: los de la expresividad performativa. El espacio de regulación es un espacio preestablecido, estructurado en calles, aceras, rotondas y semáforos que encuadran las apropiaciones espaciales. Pero los espacios de regulación pueden subvertirse también. Los *skaters* transforman las calles en espacios que se afirman mediante usos libres de instancias, movimientos que se expanden movidos por un deseo de expansión. Basta verlos hacer giros de 180º (girando el cuerpo en «media luna» y volviendo a caer encima del *skate* o monopatín) o en movimientos *flip* (girando el *skate* bajo los pies) u *ollie* (saltando con los *skates* en los pies). Suelen usar la expresión *drawing lines* (trazar líneas) como si quisiesen hacernos ver que la ciudad es una hoja en la que inscriben su creatividad. A su manera, escriben la ciudad, aunque a una escala microespacial, creando registros, trazos, señales reveladoras, como lo hacen también los jóvenes grafiteros.

Los jóvenes *skaters* recuperan el espacio *estriado* (Deleuze y Guattari, 1994: 487) de las ciudades como un espacio *liso*. Con ellos aprendemos que el espacio es mucho más que la proyección de una representación intelectual. Es una producción hecha de movimientos, gestos, complicidades. Lo mismo puede pensarse de la ciudadanía. La ciudadanía sólo se cumple globalmente cuando se ejerce en el ámbito local. El *streetskate* nos sugiere que las ciudades pueden modificarse a partir de sus microespacios, tanto como a través de grandes proyectos y planos urbanos. Los *skaters* nos muestran que lo urbano no es solamente un producto sino, sobre todo, un modo de vida. La ocupación preferencial que hacen de espacios simbólicamente fuertes, como lugares turísticos y plazas históricas o monumentales, tiene una razón de ser. Es allí donde pueden invertirse de manera flagrante las relaciones sociales para crear *espacios heterotópicos* (Foucault, 1993: 422-423).

En los movimientos de los *skaters* —también entre los *breakdancers*— es posible vislumbrar una geometría operativa del flujo y del movimiento, orientada por una pragmática de la variación, opuesta a las invariantes geométricas euclidianas. No es casual que los jóvenes surfistas reivindiquen esta geometría de lo fluido cuando se refieren a la práctica deseable del surf como «fluida» (Rector, 1994). También entre algunos *rappers* y *ravers* (particularmente en los géneros *jungle* y *gangstadelic*), la forma de danzar parece sugerir una lucha hecha de un flujo de movimientos contra un enemigo amenazador. Bailan como si fuesen boxeadores o intérpretes de artes marciales. Con los gestos de quien parece esquivar a un adversario tan temible cuanto invisible.

Para los poderes hieráticos del orden y de la estabilidad, toda metamorfosis es problemática, todo pequeño intervalo de variación es diabólico. Es esa movilidad, característica del «espacio liso», la que buscan algunos jóvenes. Espacio de tránsitos, itinerantes, intersticiales, lugares de movimiento y también de *ciudadanía*. ¿Por qué? Porque se abren a una diversidad de usos, a una multiplicidad de apropiaciones. Hay una analogía entre la dicotomía que proponen Deleuze y Guattari (1994: 487) entre «espacio liso» y «espacio estriado», y la que nos propone Merleau-Ponty (1984) entre «espacio geométrico» y «antropológico». El *espacio estriado* remite a una espacialidad geométrica, homogénea, unívoca. El *espacio liso* sugiere una espacialidad antropológica, vivencial, fractal.

De un lado tenemos la *polis*, que remite al orden político, a la administración centralizada de la ciudad; del otro lado, tenemos la *urbs*, que es el pulsar de la ciudad, esculpiéndose a sí misma, marcada por una resistencia al control de la *polis* (Delgado, 1999). La *polis* es posterior a la *ciudad*, surge a finales del siglo XVIII, cuando el *topos urbano* se ve aprisionado por las amarras engendradas por ingenieros, arquitectos e higienistas. A partir de ese momento, se produce un *estriarse* de la ciudad, que empieza a estar sometida a principios de racionalización que se habían concebido para instituciones de clausura, como las prisiones, los internados, los cuarteles, las fábricas, los hospitales. Los planificadores de la ciudad pretendían entonces exorcizar los desórdenes, purificar las conductas, hacer el escrutinio de las poblaciones, llevar la miseria a las zonas periféricas. Se instaura en la ciudad el «estado de peste», para utilizar la consagrada expresión de Michel Foucault en *Vigilar y castigar*. La ciudad se transforma en un espacio cerrado, ciudad maqueta, con los ciudadanos que ven sus movimientos controlados y vigilados, como ahora ocurre también con las cámaras de vídeo que nos espían en centros comerciales, edificios públicos y residenciales. Contra la ciudad maqueta se yergue una ciudad de los ciudadanos, una ciudad humanizada, participada, insumisa, frente a los modelos de planificación determinista. La ciudadanía es, en cierta medida, un movimiento de rechazo de la ciudad planificada a favor de la ciudad practicada. De una ciudad que albergue manifestaciones culturales, no inevitablemente institucionalizadas, que promuevan nuevas expresiones identitarias por parte de quien la habita (Zukin, 1995).

La oposición *urbs/polis* es análoga a la que propuso Spinoza entre *potencia* y *poder*. La *urbs* es una *potencia spinoziana*, una energía creativa. Los movimientos de la *urbs* muestran hasta qué punto puede ser contestado el poder de la *polis*. Esos movimientos pueden ser masivos, como los que se producen en grandes manifestaciones sociales; pueden ser también micromovimientos que, a su manera, anuncian otros modos de vida. Cuando la *polis* cobra conciencia de la *urbs*, se crean condiciones reales para el ejercicio de la *ciudadanía*. Es la *polis* que la tradición griega asociaba al espacio público, un espacio perteneciente a todos, escenario de un *logos* al servicio de la libertad de la palabra y del pensamiento, espacio que remitía a la plaza pública, el *ágora*, donde se defendía el derecho a la igualdad en la diversidad de las formas de hablar, de pensar, de sentir y de hacer.

Siendo la ciudad un espacio estriado, se ve agitada por una serie de movimientos sociales que provocan conmociones en ese cerramiento que es propio de los espacios estriados. Al sedentarismo ciudadano se contraponen las tribus urbanas con su filosofía nómada (Melucci, 1989; Marín y Muñoz, 2002; Almeida y Tracy, 2003; Pais y Blass, 2004). El espacio sedentario es estriado, cerrado, mientras que el espacio nómada es liso, abierto (Deleuze y Guattari, 1994: 385). El nómada circula por el espacio liso, lo ocupa, lo habita, lo posee: ése es su principio territorial. La variabilidad de las direcciones es una de las características esenciales de los espacios lisos, abiertos a rizomas que modifican su cartografía. El espacio nómada está localizado, no limitado. Limitado es el espacio estriado que Deleuze y Guattari (1994: 386) denominan «global relativo»: es un espacio *limitado* en sus partes, a las que les corresponden direcciones constantes, separadas por fronteras; es también un espacio limitador que restringe y excluye. La ciudadanía no es exclusiva de lo «global relativo». Se vive en toda su plenitud en el *absoluto local*, un absoluto que tiene su manifestación en lo local. Para Deleuze y Guattari, lo absoluto se confunde con el lugar no limitado: no se trata de una globalización o universalización centradas en principios abstractos o en derechos de Estado; más bien se trata de una sucesión infinita de operaciones locales que dan lugar a una ciudadanía participada.

Fluidez, empatía, trayectividades

Nunca me voy a olvidar de las risas que provoqué cuando, en una *gafieira* (sala de baile) de Río, ensayé mis primeros pasos de un baile que se pretende universal: *for all* o *forró*. En realidad, patoso como soy, me limité a reproducir los pasos elementales que esquemáticamente me habían enseñado: dos a la izquierda, dos a la derecha. Pero toda mi buena voluntad no impidió que censurasen mi forma *cuadriculada* de bailar. Sólo mucho después descubrí que el *forró* entrecruza movimientos fijos (dos a la izquierda, dos a la derecha) con movimientos variables que no se circunscriben al llamado *arrasta-pé*. Fue cuando me incitaron: «¡Mueve las caderas!». Me di cuenta entonces de que el alma del *forró* no está sólo en los pies, sino en la manera de mover el cuerpo o, mejor dicho, en la armonía de los cuerpos danzantes, en sus líneas melódicas y rítmicas que tipifican diferentes géneros: *bate-coxa* [choca-muslo], *rala-bucho* [roza-tripa], *pela-ovo* [pela-huevo]... De un modo general, los jóvenes bailan de una forma que explora mucho más la fluidez de los cuerpos. Por ejemplo, el *funk* es una variación continua, es un continuo desarrollo de la forma, es la fusión de la armonía con la melodía en beneficio de una liberación de los valores rítmicos y de las coacciones de la cuadratura. Esta idea de fluidez nos hace pensar en dos posibles caras de la ciudadanía, idea originalmente presentada por Urry (2000) cuando, en cada uno de los platos de la balanza de su análisis, coloca dos diferentes tipos de ciudadanía: *citizenship of stasis* y *citizenship of flows*. De la misma forma que podemos contraponer un *forró* monótono (*arrasta-pé*) a un *forró* dinámico y envolvente (emocional, malicioso), también podemos enfrentar una ciudadanía *abstracta* y *estática* a una ciudadanía *fluida* y *empática*.

La idea de fluidez es cara a muchas culturas juveniles. Es lo que ocurre con los jóvenes *skaters*, como hemos visto. Sus *performances* dan la razón a Manuel Castells (1997) cuando afirma que el «espacio de los flujos» sustituye al «espacio de los lugares», idea que no está lejos de la que defiende Guattari (1986) al sugerir, en las ciudades del mundo moderno, la proliferación de redes rizomáticas multidimensionales que abarcan procesos técnicos, científicos y artísticos cuya principal consecuencia sería la producción de subjetividades. Esta producción de subjetividades se da en muchas otras culturas juveniles que exploran nuevas formas de sensibilidad, a partir de los márgenes (Gelder y Thornton, 1997). Tomemos el ejemplo de la cultura *rave*. El verbo *rave* es un verbo intransitivo que significa literalmente delirar, desvariar, estar fuera de sí, disparatar, hablar como un loco, incoherentemente, con sonoridades furiosas... No es casual que el verbo *rave* sea intransitivo. Se dice que un verbo es intransitivo cuando expresa una acción o estado que no trasciende al sujeto (los verbos intransitivos no exigen complemento directo). De hecho, la cultura *rave* es una cultura de aceleración sin destino. Se asienta en la producción de sensaciones sin referente aparente. En una fiesta *rave* sólo se celebra la celebración, con un fervor sin objetivo.

En cierto sentido, la cultura nos dice de dónde venimos y hacia dónde vamos. En el caso de la cultura *rave*, todo parece reducirse a sensaciones, se pierden los referentes y los significados. Los signos no se conciben inmovilizados en significado alguno (signo-ficado/signo-fijado). Son libres de fluir con las sensaciones (no se fijan, andan). Los aspectos intransitivos de la cultura *rave* —el mejor de los caminos es el que no lleva a ningún lado— se encuentran presentes en los efectos de la química de las drogas que les dan soporte. El *éxtasis* incita a una especie de fervor fluctuante, a una energía que se moviliza hacia ningún lado: o, mejor dicho, hacia la depresión, la resaca, la fragilidad mental, la melancolía. En este sentido, vemos que no siempre las culturas de fuga de la trivialidad de la vida urbana se traducen en emancipación. Muchas veces son manifestaciones alienantes de resistencia a esa misma trivialización de la vida (Wooden y Blazak, 2001).

En efecto, lo que caracteriza a la música *rave* en sus diferentes estilos (*dark/side/hardcore, darkore, jungle*) es la imagen festivamente siniestra de la paranoia, de la confusión (Reynolds, 1998).

El *éxtasis* tiene un papel relevante en la forma en que se vive la música en las *rave parties* (Saunders, 1995). Se trata de una droga que, como dicen los farmacólogos, ejerce un *efecto de potenciación*. No sólo en el plano de la introspección, sino también en el de la promoción de una apertura empática en relación con los demás que lleva a un estado de *loved up* (capacidad amorosa). La música *rave*, con su textura sinestésica, sus ritmos contagiosos, potencia los efectos del *éxtasis*, contribuyendo a la liberación del cuerpo, a la desenvoltura del habla. No es casual que la llamada «droga del amor» haya sido designada como una droga «torrente», ya que en su impetuosidad disuelve las rigideces corporales y psicológicas, liberando sensaciones múltiples de conexión. Se diría que el *éxtasis* es como una «cápsula de zen» que provoca un estado de receptividad y de entrega, un deseo de dejarse ir en la fluidez de sonoridades confusas (y fusibles) y de contactos personales (y sensoriales). En la danza *rave* sobresalen gestos corporales abiertos, brazos levantados, extendidos al cielo, como si fuesen expresión de una entrega mística. La cultura *rave* es un ejemplo de lo que Deleuze y Guattari (1994) designaron como «máquina deseante», o sea, un sistema no centrado, no jerárquico, no significante, definido esencialmente por la idea de circulación. De hecho, el cuerpo del *joven raver* se convierte en una región continua y autovibradora de intensidades, cuyo fluir deja de lado cualquier tendencia a una culminación. El éxtasis que se persigue es provocado por un deseo de lo inalcanzable.

¿No podrán todas estas subversiones del margen ser convertidas al *mainstream*? Seguramente. Y también puede ocurrir que esas subversiones sean usadas por el poder del dinero. En eso pensamos al hablar de las redes de traficantes de droga que hacen de las culturas juveniles sus cotos de caza. Para Deleuze y Guattari (1994: 389), una de las características del Estado —pero también de la especulación capitalista— es usar «espacios lisos como un medio de comunicación al servicio de un espacio estriado». Sucede lo mismo cuando las políticas de inclusión de la ciudadanía se alimentan de la exclusión: «Para cualquier Estado no sólo es vital vencer el nomadismo, sino también controlar las migraciones y, más generalmente, reivindicar una zona de derechos sobre todo un "exterior"» (*ídem*). Ésa es una ciudadanía que se incluye en la base de la exclusión; que controla los flujos de población, bienes y servicios para dirigirlos mejor.

Hemos sugerido que los márgenes son productores de resistencia, de creatividad, de formas «re-activas» de ciudadanía cultural (Blackman y France, 2001) que se rebelan contra formas arcaicas de ciudadanía impuesta. No obstante, si es cierto que los márgenes culturales de donde surgen las culturas juveniles más creativas se pueden constituir en territorios de crítica a los poderes establecidos, también pueden ser absorbidas por éstos, como ocurre con buena parte de las creaciones musicales. Hemos visto también que algunos jóvenes —como *skaters, graffiters, rappers,* etcétera— hacen de lo urbano una forma de vida dominada por sociabilidades minimalistas y expresivas. La expresión es una forma de liberación: una presión que se exterioriza. Contramovimiento de fuga de la represión. Hemos visto también que la calle es reivindicada como espacio de creatividad y de emancipación, en el que las ritualidades juveniles aparecen como una especie de celebración de la diferencia y de la autonomía. Las culturas juveniles no son solamente «culturas de resistencia» (Haenfler, 2004), sino también formas de reivindicación de una *existencia* no siempre objeto de reconocimiento social (Honneth, 1997).

¿Por qué algunos jóvenes se comprometen en conductas de riesgo? Porque les posibilitan poner en acción dotes de osadía y de habilidad, logrando una eficacia de la que carecen en situaciones rutinarias. La excitación del riesgo se alimenta de un «coraje de existir», coraje que se demuestra en la exposición al riesgo y en la sumisión a la calidad de prueba. Lo que cuenta es la posibilidad que tienen los jóvenes, en una fase de vida en que la mayoría de los discursos dominantes les otorgan un vacío de poder, de entregarse a actividades cuya visibilidad se incrementa a través de los riesgos (reales o presentidos) a ellas asociados. Al implicarse en conductas de riesgo (Pais y Villaverde, 2004), los jóvenes exhiben atributos de arrojo, virilidad, etcétera.

No puede reivindicarse ninguna ciudadanía cuando está vedado el acceso a la autonomía. Aunque se considere a los jóvenes dependientes de socializaciones de diverso orden, ellos reclaman derechos de autonomía. Los estudios de la juventud han estado tradicionalmente dominados por paradigmas que reflejaban la forma en que se representaba a los jóvenes desde el punto de vista ideológico: es decir, dependientes, no autónomos. Hoy en día, aun en el espacio doméstico, los jóvenes se encuentran expuestos al exterior. En el refugio del espacio doméstico, la televisión e internet son ventanas abiertas a un mundo al que todos acceden (Postman, 1983). Esta exposición a los medios y a las nuevas tecnologías ha dado a los jóvenes un poder del que antes no disfrutaban. Mientras que para ser productor hacen falta aprendizajes específicos, para ser consumidor basta con tener preferencias.

El proteccionismo con relación a los niños y su enclaustramiento en casa o en el colegio llevaba a decir, ante actitudes más desenvueltas, que el pequeño estaba «saliendo del cascarón», como si su universo de vida fuese un huevo, un capullo familiar. Hoy en día, la cáscara del capullo se ha roto, especialmente como consecuencia de las nuevas tecnologías (Hutchby y Moran-Ellis, 2001). La comunicación, mediada por las nuevas tecnologías, crea condiciones para el desarrollo de una «economía electrónica» (Lanham, 1993), que escapa a las coerciones que la espacialidad ejerce sobre la comunicación. Las clásicas democracias de Grecia y Roma eran participativas porque se asentaban en relaciones interpersonales. Investigaciones recientes demuestran que, incluso con respecto a algunos juegos violentos de ordenador, los jóvenes tienen la oportunidad de desarrollar un espíritu cooperativo, de solidaridad y ayuda mutua, permitiendo, por otro lado, que se liberen de sentimientos de ansiedad y frustración que marcan una buena parte de su vida cotidiana. Tales juegos pueden ser lugar de expresión de emociones socialmente reprimidas (Nachez y Schmoll, 2003/2004). Por otro lado, el uso de los móviles puede asociarse también a una reinvención de la individualidad o ser soporte de sociabilidades notables. Cuando los jóvenes se distinguen por el uso que hacen de determinados objetos (un móvil, una tabla de *skate*, unas zapatillas de marca...), es lícito hablar de la «vida social» de esos mismos objetos (Appadurai, 1986).

Tomando las ideas de comunicación, fluidez, espacios de apertura, «salir del cascarón», etcétera, retomemos entonces las reflexiones sobre ciudadanía. Si el concepto tradicional de ciudadanía remite a la idea de una relación de pertenencia (a una comunidad, a una cultura, a una nación), ¿cuál es la capacidad heurística de ese concepto en una sociedad donde las relaciones de pertenencia son múltiples, fragmentarias, pasajeras? Probablemente, cuando se dice que la ciudadanía está ligada al suelo y a la sangre, se olvida el trayecto, es decir, las redes sociales que ligan a los individuos (Irigaracy, 2000). Las ciencias sociales exploran mucho lo «objetivo» y lo «subjetivo», pero muy poco lo «trayectivo», hecho de contactos, aproximaciones, derivas. Probablemente, Paul Virilio no practicó nunca *skate*. Pero él nos abre los ojos ante la idea de una *ciudadanía trayectiva* (Virilio, 1997) porque, por su experiencia de urbanista, se dio cuenta de que lo urbano es un tejido de trayectos.

Políticas de juventud: «el suelo que ellas (no) pisan»

Haciendo un uso alegórico del título de una novela de Salman Rushdie (*The Ground Beneath her Feet* [traducción al castellano de Miguel Sáenz: *El suelo bajo sus pies*, título que neutraliza el género femenino del original]), propongo ahora discutir una última cuestión: ¿por qué razón existen abundantes intervenciones políticas dirigidas a la juventud pero no siempre resultan eficaces? En otras palabras, ¿qué hace que buenas políticas en el papel (en términos legislativos) no cumplan adecuadamente su papel (en términos prácticos)? Posiblemente, algunas políticas de juventud se planifican desvalorizando los contextos reales de su aplicación («*la tierra que ellas pisan*»).

Lo esencial es que los responsables de las decisiones políticas estén en condiciones de *planear* adecuadamente sus intervenciones. ¿Con qué instrumentos? La raíz etimológica del verbo *planear* remite a otro término de la misma familia, *explanar*, es decir, «poner llano un terreno, suelo» y, en sentido figurado, «declarar, explicar». *Explanar* como condición necesaria para *planear*. Esto quiere decir que los buenos pronósticos (de la acción política) deben asentarse en buenos diagnósticos (de la investigación). Las políticas de intervención pueden ser equívocas si no se *apoyan* en estudios rigurosos de la realidad, si dejan que ésta se pierda de vista. De ahí que, por analogía con las *grounded theories* (teorías apoyadas en la realidad), proponga ahora el concepto de *grounded policies*: políticas de intervención que tengan siempre como referencia el suelo que ellas pisan.

Las intervenciones políticas se caracterizan por movilizar instrumentos, medidas o programas de acción. Además, normalmente, esas intervenciones se basan en *programas*, que no son más que principios orientadores de la acción política. Pero ¿cómo actúan los agentes de la acción? De acuerdo con los contextos de la acción.

En la lógica de la programación se distinguen diferentes tipos de contextos (Russell y Norcig, 1995). Por ejemplo, el juego del ajedrez es un contexto *accesible* (conocemos todas sus reglas), *determinista* (los movimientos de las piezas tienen efectos determinados), *estático* (el contexto del juego no cambia mientras el jugador está jugando) y *discreto* (hay un número fijo de posibles lances de juego). En contrapartida, los contextos de la acción política son todo lo contrario: con frecuencia inaccesibles, no deterministas, dinámicos, no discretos. Y es fácil saber por qué. Las políticas de la juventud tienen por objeto una realidad compleja, la juventud: no sólo porque son complejas las trayectorias de los jóvenes, sino porque transcurren en terrenos laberínticos (Pais, 2007).

En una investigación etnográfica que realicé (Pais, 1993) en una isla atlántica portuguesa (Santa María de las Azores), comprobé que algunos jóvenes estudiantes se procuraban ámbitos de estudio que no existían en la isla (en Portugal, cuando finalizan la escolaridad obligatoria, los jóvenes están obligados a elegir un ámbito de especialización de acuerdo con la carrera universitaria que pretenden seguir). El Ministerio de Educación, ante estos «datos», aparentemente «objetivos», decidió satisfacer las supuestas pretensiones de los estudiantes; los colegios secundarios de Santa María comenzaron a ofrecer especializaciones en los ámbitos hasta entonces más solicitados. ¡Lo sorprendente fue que los jóvenes empezaron a elegir los que se habían eliminado por falta de aspirantes!

¿Cómo interpretar esta paradoja? Desconfiando de los «datos» aparentemente «objetivos» e investigando los *contextos subjetivos* y *trayectivos* de opciones tan inesperadas. Santa María es una pequeña isla perdida en el Atlántico. El sueño de sus habitantes es emigrar a Brasil, Estados Unidos, Canadá o Lisboa. Los jóvenes de la isla crecieron en la trama de estas idealizaciones trayectivas. El sueño que abrigan es también salir de la isla. Con cualquier pretexto. Por ejemplo, el de especializarse en ámbitos de estudio que no existan en la isla. Además, fuera de la isla es también más probable conseguir una pareja que facilite la evasión de la isla. De esta forma, las estrategias conyugales aparecen fuertemente imbricadas con las estrategias educativas y profesionales.

El caso mencionado es sugerente porque muestra que las políticas de intervención (de empleo o educacionales) pueden ser equívocas si no se asientan en estudios rigurosos de la realidad. Por esta razón, sugiero el concepto de *grounded policies*, es decir, políticas de intervención que tengan siempre como referencia el suelo que pisan los *contextos de vida* (objetivos, subjetivos y trayectivos) de aquellos a quienes se dirigen. El «problema de la participación juvenil» ha surgido como reflejo de una conceptualización de carácter «instrumental» que se fundamenta en una «educación para el trabajo; trabajo para la consecución de una ciudadanía normalizada; ciudadanía como categoría estable de derechos y obligaciones» (Reguillo, 2004: 50). Raramente esa problematización cuestiona el sentido del sistema de educación que tenemos, la desigual estructura de oportunidades del sistema de empleo, la crisis de representatividad de los sistemas político-partidarios.

Y vamos al quid de la cuestión. Hemos visto que las culturas juveniles reclaman, en el fondo, una ciudadanía diferente de la que se les ofrece. De ahí que sus *performatividades* puedan leerse como señales de inquietud por parte de los jóvenes con respecto a «sistemas cerrados» que ensombrecen su futuro. No es casual que estas performatividades se ritualicen en los dominios de la vida cotidiana más libres de las coerciones institucionales. ¿Cuáles son esos dominios? Los del ocio, lo lúdico, lo cultural («espacios lisos»). En estos términos, adquiere pleno sentido extender el debate de la ciudadanía y de la participación social al campo cultural (Stevenson, 2001; 2003).

En estas culturas performativas, tantas veces incomprendidas, tenemos el fluir de una energía injustamente despreciada. Tenemos un deseo de participación, de protagonismo. Tenemos rutas de apertura al futuro, que investigadores y responsables políticos no podrán dejar de tener en cuenta cuando piensen en los instrumentos para orientar las políticas de juventud. Muchas de las performatividades de las culturas juveniles son también manifestaciones de un «arte abierto», como diría Eco (1990) al caracterizar el barroco. Arte abierto al futuro. Diseñar políticas de juventud es diseñar *mapas de futuro*. Pero no valdría la pena diseñar mapas si no hubiese viajeros que los recorrieran. ¿Qué sentido pueden dar los jóvenes a la política si se sienten fuera de ella?

Si el concepto de ciudadanía presupone una efectiva participación de filiación en una comunidad dada (Mashall, 1992), presupone también un reconocimiento comunitario de esa pertenencia. Un ciudadano es un «igual» cuya autonomía debe ser reconocida, cuyos proyectos deben ser respetados. Pero ¿qué ocurre con algunos segmentos de la población joven? Ni la sociedad los ve como iguales, ni ellos mismos se pretenden afirmar como «iguales», aunque traben aguerridas «luchas de reconocimiento» (Honneth, 1997) en relación con lo que pretenden ser. Hay jóvenes que no pueden ni quieren vivir con los modelos que prevalecen en la sociedad. El conformismo los asusta. O la posibilidad de ser encorsetados en «moldes de comportamiento». Se niegan a ser tomados como marionetas pendientes de hilos de acero de políticas de juventud que sólo pretenden «encuadrarlos».

Esto quiere decir que los «derechos», para ser reconocidos, tienen que internalizarse socialmente como viables en su condición de posibilidad. Somos ciudadanos en la medida en que seamos capaces de tomar en cuenta la actitud del otro, en un reconocimiento que presupone intersubjetividad, trayectividad. Y no siempre las preocupaciones y aspiraciones de los jóvenes son tenidas en cuenta. Por ello son críticos con respecto a derechos que los mantienen en el estado de «cepa torcida». ¿En qué se traduce esa ciudadanía de «cepa torcida»? En derechos civiles de propiedad entre quienes nada tienen. En derechos políticos de voto entre quienes nunca son votados. En derechos sociales como los de libre acceso a la educación que, por sistema, tienen la facultad de rechazar a los que acceden a ella con más dificultad. Lo cierto es que la ciudadanía de la «cepa torcida» está regida por principios universalistas que ignoran las necesidades particulares que corresponden a diferentes identidades étnicas, religiosas, raciales, sexuales o generacionales. Es una ciudadanía que tiende a mirar a los ciudadanos como iguales cuando, en realidad, son diferentes. En definitiva, es una ciudadanía que abarca los mitos homogeneizadores frente a una realidad heterogénea, de diferentes grupos culturales y sociales. Lo que no significa que la ciudadanía participada tenga que transformarse en una ciudadanía escéptica, en la que la glorificación de la diferencia llevaría a una *balcanización* de esenciales valores universales y cosmopolitas.

4. Cómics: la oblicuidad en futuros por inventar

Al final de una tarde de otoño, estaba en el centro histórico de Lisboa y me dirigía a la cafetería Brasileira de Chiado para tomarme un café. Enfrente de la librería Bertrand me aborda una joven que, con una sonrisa amable, me pregunta: «¿Le gusta la poesía?». Balbuceé un «sí» vacilante mientras, en mi interior, me preguntaba: «¿Y ésta qué quiere?». Cuando, adivinando mis sospechas, me dijo qué quería, desafiando a mi propia voluntad —«¿Le gustaría leer un poema mío?»—, no supe qué decirle. La joven no se amilanó con mi silencio. Sacó una carpeta de plástico llena de hojas de papel y, extendiéndome una, me suplicó: «A ver si le gusta. Léalo, por favor». Después, bajando el tono de voz, me susurró, como si estuviera revelando un crimen: «Estoy en paro». Por impulso, me sumergí en la lectura del poema, cuyo objeto era el silencio. Le dije que era bonito, y la joven me respondió que podía quedármelo. Si podía darle uno o dos euros, me lo agradecía. Me firmó el poema a la vez que le preguntaba: «¿Tienes más poemas? ¿Me puedo llevar otro?». Por suerte, me tocó «Curva oblicua». Crucé la calle y me dirigí a la cafetería, donde, junto a la estatua del poeta Fernando Pessoa (1888-1935), leí el poema de la joven desempleada. Enseguida me acordé de la poesía interseccionista de Pessoa: de «Lluvia oblicua» (*Orfeo*), «Paisajes oblicuos» (*Libro del desasosiego*), «Oblicua madrugada» (*Oda marítima*). El encuentro inesperado con la poetisa callejera me llevó a pensar en cómo puede movilizarse la creatividad para profesionalizarla. ¿Un poeta puede sobrevivir, profesionalmente, de su poesía?

Inspirado por Pessoa, y pensando en su trayectoria de vida, empecé a plantearme algunos dilemas y paradojas de la profesionalización de la creatividad. En una nota biográfica (Zenith, 2003), el poeta distinguía claramente la *vocación* de la *profesión*. Él mismo, al reflexionar sobre su profesión, afirmaba que ser poeta y escritor no constituye una profesión, sino una vocación. Sin embargo, aunque en términos conceptuales ambos universos pueden separarse, en la práctica se producen deslizamientos oblicuos del uno al otro. Pessoa ganó dinero con lo que escribió y, por otro lado, con una gran persistencia, intentó profesionalizar su creatividad tanto en el campo de las letras como en el comercial (Ferreira, 2005). Para ello, se valió de la *actuación de la oblicuidad*, que, además, se refleja en el movimiento literario que creó, el *interseccionismo*, caracterizado por atravesar simultáneamente varios niveles de realidad: el objetivo y el subjetivo, el presente y el ausente, el yo y el otro...

Así, en el campo editorial, en 1921 fundó la editorial Olisipo y, en 1924, en medio de inmensos proyectos editoriales, dirigía la revista *Athena* como si fuera una especie de Páginas Amarillas del mundo empresarial, con información útil sobre hoteles, compañías de seguros y consulados. Antes de la proclamación de la República en Portugal (1910), y aprovechando una herencia que recibió tras el fallecimiento de su abuela Dionísia en 1907, el poeta se lanzó a una aventura empresarial que lo arruinó: montó una «tipografía de vapor», que sería el alma de su muy soñada Empreza Íbis, Typographica e Editora. Cuentan que, en la barbería a la que iba, estaba leyendo el periódico *O Século* mientras lo afeitaban y vio el anuncio de una tipografía que se vendía en Portoalegre. Se levantó abruptamente, con la barba a medio afeitar, y corrió entusiasmado a ponerse en contacto con quien le permitiría adquirir la soñada tipografía. Pocos meses después de instalarla en la calle de la Conceição da Glória, en Lisboa, el proyecto se fue al garete. Endeudado, se vio obligado a vender las máquinas de vapor y volver a traducir para ganarse la vida.

Los disgustos empresariales no lo desanimaron a insistir en la profesionalización de su creatividad, aunque lo asaltaran dudas de cómo proyectar su subjetividad en los horizontes profesionales: «Hice conmigo lo que no sabía hacer. / Y no hice lo que podía. / El disfraz que me puse no era el mío» (Álvaro de Campos, *Tabaquería*, traducción de Octavio Paz). Pessoa se interesó por el negocio de los corchos y el de la explotación minera (cobre y volframio); diseñó una fábrica de preparados químicos y farmacéuticos; alimentó planes de abrir una siderurgia; pensó incluso en establecerse como «perito astrólogo». Al final, su quimera emprendedora se extendió a una agencia multifuncional —a la que le daría el nombre de Cosmópolis—, que, más allá de una ambiciosa actividad editorial (en la que se incluía la edición de diccionarios técnico-comerciales y guías para turistas), ofrecería ideas propias de una agencia de publicidad, diseño y comunicación empresarial; proyectos de decoración de escaparates y establecimientos comerciales; servicios de traducción; búsquedas literarias, heráldicas y genealógicas; revisión de pruebas tipográficas «según la ortografía que se quiera»; ideas para nombres de marcas, de firmas y hasta de títulos de libros; proyectos de arquitectura e ingeniería; agencia de empleo, «excepto para las sirvientas»...

Especial mención merece un proyecto empresarial que intentaba asegurar el «registro y venta de patentes sólo por mí» y otro de «negocios ocasionales con este o aquel individuo según convenga». O sea, Fernando Pessoa era un verdadero cazador de oportunidades. El problema es que la profesionalización de la creatividad no siempre tiene éxito. A menudo, la creatividad extemporánea no es bien recibida. La genialidad de Fernando Pessoa no siempre se aprovechó bien, ni siquiera en publicidad. No sabemos si las ventas de las pinturas Berry/Loid aumentaron cuando creó un anuncio publicitario en el que relataba la historia de un coche azul que, en cada lavado, se volvía más «anémico», ya que el esmalte insistía en emigrar al paño de gamuza; pero sabemos que el anuncio de Coca-Cola («Primero se extraña, después se entraña») acabaría ayudando a desterrar la marca durante unas tres décadas, ya que los inspectores de sanidad vieron en el eslogan una clara prueba de su toxicidad.

Muchas de las ideas emprendedoras del poeta no tuvieron demasiada aceptación en su momento, aunque se desarrollaron posteriormente. Entre las patentes de inventos que pensaba registrar y con las que quería ganar dinero estaba un nuevo sistema de estenografía que denominó «aristografía»; un «juego de fútbol de mesa» que daría lugar a los célebres futbolines; un sistema de apuestas deportivas que tenía por base los resultados del campeonato de fútbol inglés (hoy en día proliferan las páginas de apuestas deportivas); un sistema de carretes para máquinas de escribir (que se aplicaría en las futuras máquinas de escribir eléctricas); pequeños «artilugios» para resolver atolladeros burocráticos. Aquí vemos que la profesionalización de la creatividad no siempre se traduce en éxito: ya sea por ingenuidad empresarial, porque las ideas creativas están demasiado avanzadas para el «espíritu de la época» o por falta de condiciones objetivas para que el negocio tenga éxito, entre las que destaca la manifiesta falta de cooperación y de apoyo. En una carta a su novia Ofélia, el poeta se lamentaba:

> [...] Mira, Nininha: hoy estoy muy enfadado [...]; principalmente, porque las cosas de mi vida, todo lo que he preparado y he estudiado para una, e incluso más de una, empresa, se está retrasando [...]. Después, entre los chicos con los que me llevo bien [...] no encuentro ningunas ganas de conjugar sus esfuerzos con los míos [...]. En general, quieren que yo lo haga todo: que además de tener las ideas e in-

dicar la manera de organizarlas, me ocupe también de conseguir el capital y de hacer todo lo necesario para poner en marcha la empresa (Pessoa, 1978: 110).

O sea, las ideas no bastan, tienen que darse (o crearse) las condiciones que permitan que la creatividad dé frutos y pueda profesionalizarse. En el caso de Fernando Pessoa, los intentos de profesionalizar su creatividad —a través de múltiples ensayos, imaginativos y arriesgados— me llevaron a reflexionar sobre la actuación de la *oblicuidad* y sobre la posible relevancia de este concepto para entender la conjugación que, hoy en día, se vislumbra entre la creatividad y la profesionalización. Sin duda, las dificultades de inserción profesional que experimentan muchos jóvenes desafían, cada vez más, la *profesionalización de la creatividad*. Los cambios profundos y los múltiples reajustes de las profesiones (Burrage y Torstendahl, 1990) y de la profesionalidad (Evetts, 2003; Freidson, 2001) se asocian a nuevos horizontes de realización personal y profesional. Por otro lado, la precariedad del empleo (Jeffs y Smith, 1999; Pais, 2007) y la creciente flexibilización de las relaciones contractuales entre jóvenes con trayectorias profesionales fragmentadas, no siempre sintonizadas con el capital escolar adquirido (Pais, 2007; Fenton y Dermott, 2006), suscitan una reconocida individualización de las estrategias en lo que se refiere a la inserción en el mercado laboral (Mythen, 2005; Atkinson, 2010).

Algunos estudios sugieren que los jóvenes se mueven relativamente bien en estos dos campos de posibilidad: el de la *profesionalización de la creatividad* y el de la *creativización de la profesión*. Son los denominados *trendsetters* (Du Bois-Raymond, 1998; 2000), o creadores de tendencias: jóvenes que desarrollan una actitud estratégica con relación al aprendizaje, combinando una parte de capital cultural adquirido por la vía formal (escolarización) con la adquisición de conocimientos por la vía informal (redes sociales, por ejemplo).[1] Su aprendizaje, de naturaleza acumulativa, se beneficia de la interpenetración de diferentes esferas de la vida: escuela, trabajo y ocio. Son jóvenes que, en general, tienen un capital cultural bueno o razonable y, cuando emprenden un negocio, tienen una buena retaguardia familiar, desde un punto de vista financiero. Este dato se constató en un proyecto de investigación apoyado por la Unión Europea.[2] En el caso de Portugal, aunque encontramos jóvenes que, a pesar de su situación de marginalidad social, daban muestras de conseguir profesionalizar su creatividad —como *disc jockeys*, músicos semiprofesionales o actores esporádicos de anuncios publicitarios (Pais, 2004a; 2010: 145-173)—, el apoyo familiar pasaba a ser relevante cuando la apuesta implicaba proyectos empresariales. Era el caso de dos jóvenes que crearon una empresa de turismo (Vertigem Azul) destinada a promover el contacto con la naturaleza y la vida de los delfines en la desembocadura del río Sado; ambos tenían formación universitaria y obtuvieron el apoyo de los padres para montar el negocio. Lo mismo sucedió con otro joven, un amante del surf licenciado en Ciencias de la Comunicación, que tuvo la idea de abrir un bar y una escuela de surf en la playa de Carcavelos (Windsurf Café). Otro joven, que hacía la carrera de Contabilidad, también contó con el apoyo familiar para crear una empresa (Super Cão) destinada a la salud y belleza de los perros. Por otro lado, una joven graduada en Arquitectura, que estaba desempleada, no necesitó el apoyo familiar

---

1. La autora propone una tipología que contempla cuatro categorías de jóvenes con relación al aprendizaje: jóvenes intelectuales intrínsecamente motivados; *mass learners* extrínsecamente motivados; jóvenes extrínsecamente motivados en trayectorias de continua recualificación; y *trendsetters* intrínsecamente motivados.
2. Youth Policy and Participation. Potentials of participation and informal learning in young people's transitions to the labour market. A comparative analysis in ten European regions (Programa Improving the Socio-Economic Knowledge Base – IHP-KA1-00-1). El estudio tuvo lugar entre 2001 y 2004.

para «hacer dinero»: abandonó la regla, la escuadra y el compás y decidió ganarse la vida haciendo caricaturas de gente que asistía a congresos, bodas, aniversarios, bautizos y fiestas. Le bastó papel y lápiz y su talento para dibujar.

El contacto con jóvenes que dibujan cómics me llevó a la decisión de tomarlos como objeto de estudio, ya que, en conversaciones informales, me fui dando cuenta de que, aunque albergaban el sueño de profesionalizarse como autores de novelas gráficas, lo veían como una posibilidad remota. Había que profundizar, empíricamente, en esta disonancia, ya que, si se demostraba, pondría en evidencia no sólo el problema de la concretización dudosa de los sueños de profesionalizar la creatividad, sino también un problema de interés sociológico que está lejos de haberse tratado en profundidad. ¿En qué medida la no concretización de una idealizada profesionalización de la creatividad impide —y ésta es una hipótesis innovadora, asociada a la *actuación de la oblicuidad*— que esa creatividad promueva estrategias de inserción profesional en otras áreas? ¿Hasta qué punto esa creatividad, reivindicada y cultivada como expresión de una subjetividad (Schaeffer, 1997), transita, oblicuamente, de la vocación a la profesión?

Como veremos, si bien es cierto que los dibujantes de cómics —como les sucede a muchos artistas (Pierre-Michel, 2002; 2005; 2009)— descubren que profesionalizar su «arte» está subordinado a los veredictos de un mercado de puertas entornadas, no es cierto que esa disonancia se viva con angustia. Al contrario. A la vez que se convierte a menudo en un refugio para los disgustos de la vida, el cómic se transforma en un capital que, por medio de la *actuación de la oblicuidad*, permite explorar puentes innovadores entre vocación y profesión, aunque —o, sobre todo, cuando— la profesión deserte de la vocación. Es más: algunos dibujantes de cómics ven la profesionalización como una corrupción de la vocación, aunque sepan que forma parte de un dominio artístico que tiene el estigma de no merecer el estatus de «arte». La tensión entre vocación y profesión nos permite, finalmente, discutir los rumbos biográficos (Mortimer *et al.*, 2006) a la luz de las teorías de la individualización (Beck y Beck-Gernsheim, 2002; Beck, Giddens y Lasch, 1994), sin menospreciar las limitaciones sociales y las estructuras de oportunidad que los posibilitan o dificultan.

La metodología de estudio se basó en entrevistas exhaustivas a nueve dibujantes de cómics, con edades comprendidas entre los 21 y los 37 años, entre los que prevalecían los universitarios (cinco frente a cuatro que sólo tenían la secundaria) y los del sexo masculino (seis frente a tres mujeres). También se analizaron los blogs y páginas de internet que contaban con su participación. Finalmente, los invitamos a hacer un cómic sobre su vida, una tendencia emergente entre estos dibujantes. De hecho, la autobiografía forma parte de un «género alternativo» de la llamada novela gráfica actual, que da salida a la memoria de lo vivido (Andelman, 2005). Si los individuos pueden ser objetos de su propia actuación, la oportunidad que se les dio a los jóvenes artistas de contarse a sí mismos también les permitió concebirse mientras se contaban. Los cómics se utilizaron como descifradores de la subjetividad de sus creadores, convirtiéndose la subjetividad en un espacio de representación concienciada. En el fondo, pretendía saber en qué medida los cómics que los jóvenes producen los acaban produciendo a ellos. En otras palabras: si bien es cierto que se puede aprender de uno mismo a través de lo que se produce, también es cierto que los jóvenes pueden producirse a sí mismos por lo que aprenden con lo que hacen. Sennett (2009: 22), con relación a la artesanía, pone como ejemplo la producción de azulejos desde la antigua Mesopotamia y sugiere que los trabajadores anónimos pueden dejar rastros de sí mismos en objetos inanimados. Lo que yo sugiero es la posibilidad de que lo que se produce deje también marcas en quien lo produce. Interpreto esta reflexividad como un efecto de la oblicuidad. Los creadores sobresalen por los productos que crean a la vez que son creadores de sí mismos.

La revelación del mundo en los cómics: talentos y socializaciones

Cuando tomé la decisión de estudiar a los jóvenes dibujantes de cómics, creí que lo mejor era sumergirme en el universo de este arte para entender su historia, sus secretos, su vocabulario y su gramática. En resumen, para entender qué tipo de creatividad tiene asociado y de qué manera los creadores entran en este mundo. La petición de que los jóvenes dibujantes contaran su vida en forma de cómic —y el posterior análisis de su producción artística— fue una estrategia metodológica para explorar cómo crean sus identidades al asumirse narrativamente en una historia (de vida) en la que el cómic tiene un papel relevante: el de mostrar que la vida contada no puede separarse de una estructura narrativa, gracias a la cual la subjetividad de quien narra es una interpretación que, en este caso, encuentra en el cómic una mediación privilegiada. Una mediación que, aunque se proyecte el relato de vida en una autobiografía imaginada y ficcional, no deja de estar anclada en la realidad.

> Tengo unos libros, una colección, una serie que se llama *Loverboy*, que se editó a finales de la década de 1990. Era un mundo muy cercano a lo que estábamos experimentando con Marte, el argumentista [seudónimo de Marcos Farrajota]. [...] Yo debía de tener unos 15 años, y trataba de sexo, drogas y *rock and roll*, básicamente. [...] El primer libro es algo que relata [...], de forma encubierta, lo que íbamos descubriendo, las experiencias de aquella edad [...]. Después la serie se termina, o se queda en *standby*, cuando Loverboy entra en la universidad [...] (João Fazenda).

El hecho de que el personaje imaginado sea una construcción de quien lo crea nos ofrece la oportunidad de cuestionar cómo cada uno se transforma en otro cuya existencia depende del «sí mismo» que lo origina (Ricoeur, 1990). El personaje creado forma parte de quien lo crea. Al fin y al cabo, con los cómics, los jóvenes producen una historia a la que están doblemente sujetos: como narradores y como objetos de la narración. En los cómics asumidamente autobiográficos, el autor dialoga consigo mismo, con un «yo» convertido en sí mismo (Gálvez y Fernández, 2008). El atractivo de recuperar la infancia —como sucede en la historia de vida de Ricardo, contada en dos viñetas— puede interpretarse como un intento de descubrirse a sí mismo. Es como si ese reencuentro respondiera al deseo de armonizar diferentes temporalidades que conviven en la subjetividad de quien se cuenta (figura 1).

En su historia de vida, Ricardo Venâncio nos muestra una continua pasión por el arte del cómic. En su infancia, lo vemos en una isla de creatividad, rodeado de libros que no surgieron por casualidad. Su afición a los cómics la heredó de su padre y la cultivó después con los colegas de clase.

> Mi padre [...] me compraba cómics. Él ya tenía cómics que coleccionaba cuando era más joven. [...] Después, en el colegio, empecé a consumir cómics en gran cantidad, porque empecé a intercambiarlos con los colegas. Era como una actividad paralela a la escuela [se ríe] [...]. Leer cómics contribuyó a que después leyera todo lo que caía en mis manos. [...] Sobre los libros, con papel vegetal, calcaba las figuras y ahí empecé a dibujar.

La afición a los cómics no siempre se debe a las relaciones familiares. En sociedades tradicionales, los talentos, del arte a la artesanía, no sólo dependían de las dotes individuales, sino también de herencias culturales. Las habilidades se transmitían de generación en

Figura 1. Historia de vida de Ricardo Venâncio.

generación y, de ese modo, los jóvenes surgían como herederos de sus antepasados y semejantes. Entre los jóvenes dibujantes de cómics, las herencias culturales son menos directas o lineales, aunque se invoque a menudo la aptitud para el dibujo.

> Siempre me gustó dibujar, desde pequeña, siempre estaba dibujando [...]. Todos decían: «¡Ah, se te da bien dibujar!» (Sónia Carmo).

> Hasta donde me llega la memoria, me recuerdo dibujando. [...] Cogía una hoja y empezaba a hacer personajes [...]. Cuando dibujaba, siempre creaba diálogos entre los personajes (Joana Afonso).

> Desde que era pequeño. Empecé muy temprano a dibujar y fue a partir de entonces. Incluso me gustaban aquellos días de lluvia en que no podía salir a la calle y me quedaba en casa dibujando (Ricardo Reis).

Sin embargo, las dotes no surgen por casualidad, existen condiciones que favorecen la «aptitud» para dibujar personajes de cómic. El ambiente familiar cuenta mucho, que en casa haya literatura que promueva la imaginación y, claro, cómics en abundancia.

> Mi padre tenía las colecciones de Tintín y Astérix, algunos cómics de Lucky Luke que leía o le gustaban [...] y que estaban por ahí. Yo, como me gustaba mucho dibujar, de repente descubro aquellos libros, creo que algunos estaban en las estanterías a las que llegaba [...]. Me acuerdo de llevarle los dibujos a mi madre: yo ya había creado la historia, pero ella la escribía porque yo no sabía escribir (João Fazenda).

Además de un ambiente familiar propicio para la lectura de cómics —lo cual no significa que los padres alimentaran el deseo de que sus hijos se ganaran la vida haciendo «monigotes»—, los amigos de los cómics, esos sí, constituyen un poderoso agente de socialización (Woodman, 2011) y contribuyen en gran medida a hacer circular los libros, ya sea prestándolos o intercambiándolos.

> En aquella época, íbamos mucho juntos y empezamos a tener ideas como: «¿Y si intentáramos crear un cómic?». Lo que era lo mismo que decir: «Mamá, papá, soy un yonqui» [se ríe] (Ricardo Venâncio).

La asociación con la droga se explica por la dependencia y el estigma. La pasión por los cómics es de tal magnitud que muchos jóvenes se resisten a dejarlos incluso cuando, a disgusto, siguen otro rumbo profesional. Continúan siendo aficionados, dependientes de los cómics, ya que sólo así —dicen— dan alas a su imaginación (Miller, 2007). Este sentimiento no es específico de los creadores, también les ocurre a los consumidores de cómics. En un estudio sobre los visitantes del 16.º Festival Internacional del Cómic de Amadora (Santos, Dona y Cardoso, 2006: 99-102), se hacía la siguiente pregunta: «En pocas palabras, ¿qué es, en tu opinión, un "comicófilo"?». Más del 80% de los entrevistados dieron como respuesta única definiciones que se organizaron en tres categorías principales: la «profunda afición» (23%), la «relación intelectual» (27%) y la «dependencia» (37%). Es decir, incluso entre los consumidores de cómics —no todos eran productores—, existe una fuerte vinculación con este mundo, evidenciada por las expresiones que los entrevistados utilizan para definir a un «comicófilo»: «dependiente», «fanático», «yonqui», «borracho», «compulsivo», «tarado», «adicto», «loco», «comprador sin criterio», «enfermizo», «un tío que ve el mundo como un cómic»... Para los creadores y los consumidores de cómics, es difícil desprenderse de este fuerte vínculo. Por otro lado, el arte de contar historietas no deja de verse afectado por los estereotipos. Lo acusan de «lavar el cerebro» a gran parte del público infantojuvenil (Eco, 1976; Dorfman y Mattelart, 2010) y su profesionalización se ve a menudo como una utopía. Sin embargo, la reacción de los padres cuando los hijos les dicen que quieren ser dibujantes de cómic profesionales, aunque al principio sea negativa, después tiende a ser tolerante e incluso de apoyo.

> No les hizo mucha gracia cuando terminé el curso y les dije: «¡Quiero hacer cómics!». Porque, a esa altura, mi hermano ya era músico. Un hijo músico y el otro dibujante... ¡Se echaron las manos a la cabeza! (Filipe Andrade).

> Al principio, [mis padres] creían que se trataba de un juego y que nunca encontraría trabajo en esa área [...], pero siempre me apoyaron, siempre me dijeron que, si era lo que me gustaba hacer, era lo que tenía que hacer (Ricardo Reis).

Lo que preocupa a los padres es la convicción de que «hacer monigotes» no es un medio de vida que pueda garantizar una independencia económica. Sin embargo, las reacciones más desestimulantes provienen de algunos profesores, reacios al mundo de las artes.

> Recuerdo que, cuando iba al instituto [...], los profesores desanimaban a todos los que querían hacer arte, fuera cual fuera. Decían: «Chicos, eso no tiene salida. Escoged otra cosa». O: «A ti se te da bien la burocracia», y nos los quedábamos mirando... «Sí, sí, papeles, ¡claro que se me dan bien!» [se ríe] (Ana Saúde).

La creatividad en la creación de cómics tiene sus especificidades y destaca, desde luego, la dificultad en afirmarse como arte, una legitimidad cuestionada a menudo por la cultura letrada. De hecho, el arte del cómic se enfrenta al desafío de superar fronteras, de fundir y confundir lo que se separa para dividir: la baja y la alta cultura, el arte que se aprecia y el que se deprecia, el artista que se precia y el que se desprecia, el dibujante que escribe y el escritor que dibuja. Como difícilmente la sociedad lo reconoce como un estatuto artístico, el cómic aparece como un submundo, una especie de escondite donde se puede afirmar una identidad y un (re)conocimiento del género, que es válido tanto para los creadores como para sus lectores. Unos y otros ven en el cómic una llamada constante a la imaginación, una invitación a viajar a otros mundos a través de una secuencia de imágenes, mediante una transmutación de identidades que enriquece el conocimiento de uno mismo al ponerse en la piel de otro, cualquier personaje del cómic. Aunque también ocurra lo contrario: que el personaje se ponga en la piel de quien lo dibuja o cualquier otro personaje de la vida real. La idea de que la experiencia estética agiliza e intensifica la vida ha sido bastante discutida (Eagleton, 1990; Ferry, 1990) y aparece claramente comprobada en los relatos de los jóvenes entrevistados.

> Cuando era pequeño, me pasaba horas hojeando las enciclopedias de mis padres en busca de referencias de mitología griega y tal... [...], anotaba e imaginaba cosas a medida que iba anotando. Tenía siete u ocho años y recuerdo que leía algo que era *la crisis de las infinitas tierras*, que hablaba de mundos paralelos, y no conocía a nadie de mi escuela que entendiera de esos temas. Se me abrió completamente la mente. Mi madre decía que me pasaba horas y horas quieto, sumergido en libros. Cuando leía, no estaba allí, estaba en cualquier otro sitio (Ricardo Venâncio).

Esa intensificación de la vida transparece en las historias de vida que los jóvenes nos cuentan en los cómics. A menudo, destaca en ellas una «identidad polifónica» (Dubar, 2007), resultado en buena parte de un joven creador que se enfrenta al desafío de poder dominar el curso de su vida y definirse cuando se proyecta en otro (el personaje creado en el cómic). Pero esa identidad multifacética también revela una tensión, vivida subjetivamente, que parece reivindicar una bifurcación del tiempo (de ocio y trabajo) que dé lugar a otra temporalidad: la de la creatividad (figura 2).

Los cómics recurren a menudo al humor para destacar la inconsistencia de los objetivos que se persiguen en la vida real y para cuestionar la experiencia vital desnuda, desprovista de máscaras y sarcástica en toda su crueldad natural. Al explorar una multiplicidad de mundos, los cómics propician deslizamientos oblicuos entre las distintas temporalidades de estos mundos. Las *heterocronías* saltan de los ejes de las temporalidades sucesivas, narrativas y lineales. Son una marca de la turbulencia de temporalidades que se entrelazan en el torbellino del caos de la existencia. Al discutir la habilidad artística, Sennett (2009: 61) valora el entrenamiento, pero también la creatividad inherente a ella. Ya sea en el dibujo, la escritura o la música, la experiencia creativa siempre aparece relacionada con lo incompleto. La conciencia de la laguna requiere que se llene, y por esta razón, lo incompleto estimula la creatividad. La originalidad es eso: convertir la nada en algo.

Las viñetas de Ana indican que existe una tensión entre identidad y subjetividad que se genera de manera oblicua. Como sostiene Martuccelli (2007: 390), la subjetividad «nunca es una esencia sino siempre restos, nunca es entera porque brota, por definición, más que por estallidos, detectable entre líneas, es decir, entre dos figuras. Es entonces muy a menudo pensada en las múltiples figuras de la vinculación y la desvinculación [...], nada más que lo que es tomado en el juego de esas variaciones». Precisamente lo contrario de la identidad, que exige una estabilidad de vínculos, un horizonte de identificaciones predecibles y negociadas. Volviendo a Sennett (2009: 330-336), es importante explorar el terreno de las conexiones entre el trabajo y el juego para contradecir su falsa oposición. Si bien puede parecer que el juego no es más que una evasión de la realidad, de hecho encontramos en él reglas que no niegan

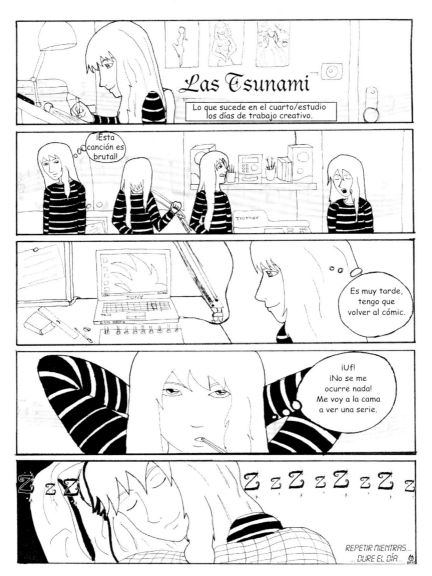

Figura 2. Historia de vida de Ana Saúde.

—sino todo lo contrario, estimulan— la creatividad. ¿Cómo se conecta el arte de jugar con el trabajo? Sennett recupera la pregunta que Erik Erikson (1982) intentó responder en gran parte de su obra, para llegar a la conclusión de que los experimentos lúdicos de los niños pueden considerarse una primera aproximación al mundo de la artesanía: construir torres de Lego para probar la capacidad de uno mismo de elevarlas a límites máximos, desmantelar juguetes para comprender su composición y funcionamiento, etcétera. La capacidad de los niños para proyectarse sobre objetos inanimados radica en una «conexión bidireccional» que, sin embargo, pone en juego realidades distintas o diferentes «provincias de significado finito», como las definió Schütz (1962): el mundo de los materiales lúdicos y el de los pequeños jugadores. Saltan intuitivamente de una realidad a otra, a través de lo que se caracterizaría como una actuación oblicua. El juego permite que los niños aprendan a jugar con la complejidad y reinventen las reglas para poder aumentar esa complejidad y, a la vez, vivir en ella.

La oblicuidad también se encuentra en el corazón del arte del cómic. El mundo creado por el deslizamiento del lápiz en la hoja de papel se asocia a una acción creativa en la que el talento se confunde con técnicas de expresión artística. Esta expresión tiene lugar en un dominio de hipertextualidad cuya suposición es ir más allá de los límites de lo figurado. Un hipertexto es un texto que va más allá de sí mismo (Landow, 1995). Es un texto extrovertido, que centrifuga sentidos, como sucede en los cómics que contrarrestan la hegemonía del texto lineal. Además, algunos, a determinada altura, ofrecen al lector una amplia gama de opciones: puede seguir leyendo la historia por la página x, y o z. Es decir, invitan al lector a elegir itinerarios y seleccionar opciones, como sucede en la vida real. La capacidad de proyección de una espacialidad abierta a varios cuadrantes (o viñetas) significa una expansión del alcance virtual de la experiencia y, por lo tanto, más posibilidades de expresar las subjetividades (figura 3).

Cómics: la oblicuidad en futuros por inventar

Figura 3. *Quadradinhos*, una teoría de vida (Farrajota, 2008).

En este orden de ideas, y como bien vemos en la «teoría de vida» anunciada por Farrajota, los cómics no son sólo imágenes a las que los garabatos y los trazos dan vida; son realidades creadas por formas de ver que, a su vez, reflejan quienes, de forma creativa, se ven o se revisan en ellas. La composición de los cómics está relacionada con una libertad de experimentar, una *actuación de la oblicuidad*, en un vaivén entre el papel y la vida real, entre experiencias y vivencias. En estas últimas, coinciden la experiencia personal y las marcas que deja. En las vivencias es donde llevamos impresas las marcas de lo vivido (McCloud, 1993: 182). Las imágenes de los cómics a las que los trazos dan vida remiten, oblicuamente, a estas realidades múltiples: experimentadas, vividas, imaginadas, recreadas, soñadas. Esta actuación de la oblicuidad es la que lleva a los jóvenes a desarrollar un conocimiento encarnado, una creatividad anclada en las experiencias de vida en las que se ven de manera reflexiva.

La alquimia de la interconectividad

El impulso creativo está presente simultáneamente en los cómics y en las trayectorias de vida de los artistas que los crean. En ambos casos, la vida parece pensada como una *duración* (Bergson, 1985). Pensar la vida como duración es desconfiar de la experiencia del tiempo como una sucesión de instantes autónomos. Las viñetas de los cómics no son independientes entre sí, cobran sentido por su interconexión. En los cómics todo cambia continuamente, pero este cambio no ocurre con saltos desconectados de una viñeta a otra. Las viñetas se circunscriben en una duración. En las historias que cuentan, como en las historias de vida, la duración excluye la repetición. En cada viñeta o faceta de la vida siempre surge algo nuevo, original e impredecible. Estamos ante un arte abierto al devenir, así como la vida está abierta a la experiencia. La vida es así, una especie de creación continua que remodela sucesivamente la forma de la experiencia de vida. La duración sugiere persistencia. Pero sólo sobrevive gracias a su flexibilidad y capacidad para incorporar la novedad. Las *facetas de la vida* son argumentos de diferentes itinerarios que progresan o no, enfrentándose al desorden, a lo accidental, a la fatalidad o la felicidad.

Entonces podemos entender la *actuación de la oblicuidad* en dos sentidos: en uno, la *oblicuidad* se refiere a la astucia, al ingenio, al arte hecho de ardides (artería); en el otro, la *oblicuidad* se refiere a lo disimulado, lo oculto, lo que nos llega de manera indirecta o ambigua. Ambos penetran uno en el otro, en un juego de disimulo (lo que se esconde) y decodificación (lo que se descubre). Es más: en los cómics, las claves interpretativas a menudo se encuentran en la penumbra del limbo, en los espacios entre las viñetas. En estas cunetas es donde encontramos los valiosos descubrimientos que, con método e imaginación, dan sentido a las tramas que se cuentan. Este método de comprender la totalidad observando las partes se denomina *clausura*, el arte de alcanzar lo ocluido mediante sucesivas aproximaciones y decodificaciones. La decodificación presupone admitir que algo está en código, así como la desocultación requiere reconocer que algo está oculto (McCloud, 1993: 66). Por lo tanto, entre las viñetas hay un hiato, un vacío aparente, una «elipsis» que representa un desafío para la interpretación, mediante conexiones que buscan un nexo narrativo, un «sentido» (Zink, 1999: 27). Provistos de una función *artrológica* (Groensteen, 2007: 144-158)[3] o articuladora, los espacios invisibles (*gutter*) por donde circulan, implícitamente, estos «significados de cuneta» (Rushkoff, 1997) se explotan como intersticios de sentido que hay que explorar, conquistar (Wolk, 2007: 118-134). Por lo tanto, la interpretación implica un esfuerzo de desocultación que se consigue explorando los intersticios (Groensteen, 2007: 104-115). En los aparentes «no lugares» es donde se generan las articulaciones semánticas de sentido en los cómics. Por otro lado, no representan un tiempo instantáneo. Al contrario, informan de un tiempo que, oblicuamente, va más allá de lo que representa (Barbieri, 1998: 117).

En los cómics, como en las historias de la vida, surge la tentación de la linealidad. Pero la vida implica discontinuidades, movimientos de reversibilidad, puntos de inflexión, saltos de vida (Pais, 2007). Debe dominarse el *arte de la pirueta* (McCloud, 1993: 106), hecho de habilidad y astucia, que he designado como una actuación de la oblicuidad. Los jóvenes de hoy se encuentran socializados en

---

3. El neologismo —del griego *arthror* (articulación)— remite a la idea de interconectividad, entrelazamiento.

un juego de indeterminaciones y determinaciones que, de hecho, los creadores de cómics utilizan al producir sus historias, cuando intentan encontrar un equilibrio entre la imagen y el texto, lo vivido y lo percibido, lo soñado y lo realizado (figura 4).

Aunque una vida tiene una historia que contar, los cómics la vuelven a contar en una cadena de eventos que se expresan en una secuencia de escenas dibujadas en papel, vividas o recordadas, como «figuraciones narrativas» (Couperie, 1972; Moliterni, 1967). En la historia de vida de *Manegas*, creada por Pedro Manaças, las viñetas aparecen como un instrumento para explorar cómo funcionan los mecanismos de autoría. En ellos vemos reflejada la confluencia del autor con el narrador y el personaje. Hay que tener en cuenta que las técnicas de expresión de los cómics derivan de tres códigos que, en la vida real, también relacionan los *significados gráficos* (representaciones corporales y escenas) y los *significados narrativos* (relatos de vida). Son el *código pictórico*, que hace referencia a la imagen; el *código cinematográfico*, que apoya la narración; y el *código ideográfico*, que «tiene la función de proporcionar *ilusión de vida*» (Renard, 1981: 117). Pedro Manaças tipifica una trayectoria de vida marcada por una singularidad significativa. Aunque su interés por los cómics lo acompañó durante su infancia, nunca estudió dibujo o artes plásticas, todo lo aprendió solo. Tampoco hace planes para profesionalizar su creatividad, pero ésta, de forma oblicua, termina haciéndose presente en algunas etapas de su vida profesional. Tampoco ha heredado de su familia una gran sensibilidad por las artes, aunque sus padres trabajaron con productos asociados a la imagen: su madre era vendedora en una tienda de lencería y su padre pegaba carteles publicitarios. Pedro Manaças recuerda sus primeras incursiones en el mundo del cómic:

> Desde que tengo memoria, ya dibujaba cómics, digamos..., hacía mis primeros garabatos, [...] tal vez influenciado por los dibujos animados

Cómics: la oblicuidad en futuros por inventar

Figura 4. *Manaças* y *Manegas*: reflexividades.

del Hombre Araña. [...] Ni siquiera sabía escribir, ni siquiera iba a la escuela, y ya utilizaba los cuadernos de mi hermano para hacer mis viñetas y mis primeros personajes. Claro que eran más historias con principio y fin, el bueno le daba una paliza al malo y el malo moría al final, y la historia terminaba ahí.

A la edad de once años, Manaças comienza a hacer sus primeras caricaturas con bolígrafo en los cuadrados vacíos de los álbumes de cromos de fútbol. La pasión por el dibujo crece en la misma proporción que el pánico por las matemáticas: «Durante mi trayecto escolar, huía de las matemáticas». A los 19 años, después de terminar la escuela secundaria, salta de los cómics a las bandas musicales: «Eran bandas de garaje, sólo. Luego, más tarde, comencé a tocar el bajo y formé parte de un grupo de hiphop, e incluso grabamos un álbum». Manaças integró varias bandas, entre ellas los Cegueira Nocturna como vocalista y los Flower in Vein. Dos años después, a los 21, Pedro Manaças se sumergió más profundamente en el mundo del cómic y creó Manegas, uno de sus personajes más famosos. En su blog, Manaças describe a Manegas —abreviatura de Manuel Gaspar—: «Un personaje adolescente que dejó la escuela para lanzarse al mundo laboral. Rebelde y... apasionado. Hace horas extras como vocalista de la banda Metal Room, hace surf en su tiempo libre y se hace el remolón a la hora de empezar a trabajar...». ¿Y en qué trabaja Manegas? En lo mismo que Manaças. Comenzó siendo músico y destacó como inspector de parquímetros, una actividad a la que Manaças se dedicó durante unos dos años: «Hice que el personaje pusiera multas como inspector de parquímetros, donde yo también he trabajado. Así que reproduzco ciertas situaciones que yo también he vivido». Manegas acompañó los ensayos de Manaças y en 1997 vio la grabación del álbum *Kom-tratake*. Al año siguiente, a los 25, Pedro Manaças vende su bajo y deja la música. Por otro lado, comienza a promocionar sus caricaturas en exposiciones. Manegas todavía está presente en la vida cotidiana de Manaças y los dos viven como compañeros inseparables: «Es un poco de mí». Pedro Manaças se retrata ante sus caricaturas:

> Hola... / Pero ¿quién soy yo? / No lo sé... Tal vez alguien que forme parte de tu vida / [...] Alguien que te dé una vida / Y que te vea evolucionar, / Sin dejar pasar nada... / Alguien que te enmarque, / Que te extienda sobre la mesa, / O que te lleve en el equipaje, / Para no olvidarte nunca... [...].

A diferencia de muchos jóvenes productores de cómics, Manaças nunca pensó en convertirse en profesional. Lo justifica así:

> Mi afición por el dibujo es algo aparte de lo que realmente me gustaría hacer profesionalmente, digamos... Incluso lo prefiero, tener mi trabajo por un lado y mi mundo imaginario por otro, es decir, eso me hace sentir completo [...]. Imagina que ahora dibujo cómics de forma profesional. No sé si sería más feliz, porque, tal vez, me despertaría como dibujante y me iría a dormir como dibujante [...]. Prefiero tener mi trabajo [...] en el mundo exterior y, luego, encontrarme en mi mundo imaginario.

Es como si Manaças quisiera preservar realidades múltiples (Schütz, 1962) para, oblicuamente, actuar mejor sobre ellas. Los dos mundos —el del trabajo y el de la imaginación— coexisten en armonía, aparentemente separados, pero articulados. Cuando llega a casa y deja volar la imaginación, el cómic aparece como una metáfora de la vida real. Pero el mundo de la imaginación sobrepasa el del trabajo profesional, porque siempre vivirá en él: «Sé que cuando me jubile no me quedaré en casa viendo la televisión, tecleando y pensando: "Oh, mis hijos me han abandonado... Ah, no tengo amigos...". ¡No! Siempre tendré mis fantasías aquí dentro y trabajaré en ello hasta que me muera». En su lógica de creación, el arte crea mundos de coherencia en contraposición con la descomposición de la vida, llena de elementos disonantes que carecen de armonía. Aunque de forma ilusoria, el arte da sentido a la vida, como la religión. La alquimia de la interconexión, presente en la actuación de la oblicuidad, facilita el tránsito por diferentes mundos, en cuyo centro está el arte como «espacio de fabulación, liberación, comunicación, creación» (João Fazenda). La versatilidad es otro atributo que se valora en la creación de cómics, junto con la autonomía y la creatividad asociada a la imaginación, a la fabulación, a la explotación de metáforas visuales, a la capacidad de crear y transformar realidades.

> En los cómics, puedes crear la historia más épica jamás realizada en una página, en una hoja de papel. [...] Es una forma de arte completamente versátil (Ricardo Venâncio).

> Una vez, Geraldes Lino[4] me preguntó cuáles eran mis influencias..., y lo que me viene a la mente son pintores o artistas plásticos [...], juegos de imágenes imposibles, por ejemplo [...], la transformación de un pez en un árbol (Sónia Carmo).

La propensión a la pirueta, que caracteriza la actuación de la oblicuidad, también facilita el salto del cómic a internet. Los cómics en línea se están popularizando y los creadores usan a menudo sus páginas y blogs para promocionar su arte. Hay una creciente incursión de los cómics en los nuevos medios digitales, especialmente

---

4. Ilustrador sénior que escribe en un blog admirable gran parte de la historia del cómic portugués: http://divulgandobd.blogspot.com/ (consultado el 13 de enero de 2018).

los que sirven de apoyo a la animación. Además, el uso de internet permite concretar impulsos comunicativos que exigen distintas maneras de construir la subjetividad, que no sólo está anclada a lo imaginario, sino también asociada a una realidad performativa. La «solidaridad icónica» (Groensteen, 2007) se ha convertido en un icono para los artistas de cómics, que desarrollan una *sociabilidad bloguera*.

> Hay un blog, en el que también participo, llamado *the way of the exploding pencil*, que es sólo de dibujantes, todos amigos y conocidos, donde la idea es: cada semana tenemos un tema y debemos hacer una ilustración (Sónia Carmo).

Es como si la *solidaridad icónica* que conecta los cómics saliera de ellos para acercar a sus autores. En un caso, los cómics se encuentran plástica y semánticamente sobredeterminados por coexistir en una estructura de sentido; en el otro caso, los artistas se unen en un intento de descubrir nuevos sentidos que dar a los cómics. Esta solidaridad se extiende a los amantes de los cómics, que participan en festivales, consumen fanzines, frecuentan las librerías y páginas especializadas, y coleccionan producciones clásicas. Esta solidaridad genera una dependencia comiquera que se apoya mucho en el universo de los fanzines, una microsociedad en red, pero abierta al devenir: «Es un "mundo en el que caben varios mundos", como si pudiéramos pinchar en una ventana y surgiera otra, y así sucesivamente. Siempre hay un enlace que conduce a otro» (Galvão, 2006: 99). Por otro lado, las redes sociales ancladas en el «boca a boca» son un factor que favorece posibles encargos profesionales (Granovetter, 1995).

> Siempre es difícil llegar a una agencia o una productora y reunirte con alguien para mostrarle tu trabajo. Es posible conseguir un trabajo así,

pero, normalmente, llaman a un colega tuyo, él no puede y dice: «Mira, conozco a alguien que puede hacerlo». [...] En este mercado todavía funciona mucho el boca a boca, a través de contactos (Ricardo Venâncio).

El boca a boca de los contactos personales y «la pulsación de teclas» de las redes computadorizadas son el medio más utilizado para promover autores y obras: «Mi madre puede hacer mucha publicidad [se ríe]» (João Fazenda); «Internet es un buen medio. Yo tengo un blog» (Joana Afonso); «Es lo que hay que hacer..., navegar por la red..., mostrar tu trabajo, desde Facebook a MySpace» (Ricardo Venâncio); «Tengo una página web, Facebook, también tengo un blog..., hay que ir mostrándose» (Ana Saúde); «Con un buen proyecto, vendiéndote bien, obtienes algo de visibilidad [...]. Hay que enviar el porfolio a todas partes para ver si alguien lo ve» (Joana Afonso).

Creatividad y profesionalización

Los cómics permiten expresar una subjetividad que da alas a la creatividad. Pero ¿cómo se procesa el equilibrio entre la realización personal (*self-expression*) y la supervivencia económica? Los jóvenes entrevistados son perfectamente conscientes de las dificultades que entraña profesionalizar su creatividad.

> En este momento, puedo afirmar que vivo de las artes, de los cómics. [...] No sé hasta cuándo, eso es siempre una incógnita (Filipe Andrade).

> Me encanta el diseño, pero mi pasión por los cómics y la ilustración es superior a mi deseo de ser diseñador. Pero ¿quién sabe? (Ricardo Reis).

> Los cómics [...] toman mucho tiempo, que nadie nunca te paga, o si te paga, te paga mal y nunca compensa las horas que te has pasado trabajando (João Fazenda).

Debido a las fragilidades del mercado editorial, el cómic se considera «una inversión poco estratégica, dada la virtualidad comercial de otros géneros (como la música pop/rock)» (Santos, Dona y Cardoso, 2006: 14). De hecho, al menos en Portugal, los creadores de cómics actuales se enfrentan al problema de no tener una población juvenil adolescente tan entusiasta como la de las décadas de 1950 y 1960. Hoy existe una mayor atracción por los videojuegos o los dibujos animados. El esfuerzo que tienen que hacer los creadores para sacar los cómics del universo de una subliteratura de consumo es enorme; tienen que luchar para que se reconozca un arte que se mira mal o que no está considerado una cultura de masas (Gordon, 1998). La creatividad también se esfuerza por hacer sobrevivir el esplendor que alcanzó un arte que luego se vio amenazado por la televisión, los videojuegos e internet y que, precisamente para sobrevivir, se ha aliado con las nuevas tecnologías para explorar nuevos horizontes de profesionalización.

> Como autor de cómics, en un mundo perfecto, estaría trabajando para una editorial y tendría un contrato (João Fazenda).

> Falta público... ¡Es algo básico! ¿De qué vive la gente? De la venta de libros o de proyectos que les permitan ganar dinero. Fanzine, cómics... Si no hay personas que compren estos libros, el círculo se muere (Filipe Andrade).

El sentimiento de explotación al que están sometidos los jóvenes creadores es prácticamente general. Las afrentas prevalecen sobre los estímulos y no siempre es fácil manejar la tensión resultante.

A los jóvenes creadores se les exige normalmente que realicen su trabajo rápidamente, y se les corresponde con un incomprensible retraso en el pago. A menudo, los objetivos de excelencia chocan con la presión de los pedidos. La creatividad de los jóvenes también se explota para exigir trabajos de envergadura a precios asequibles (O'Connon, 2007).

> ¡Una vez me llegaron a ofrecer ocho euros por página! ¿Ocho euros por página? ¡Es ridículo! ¡Así no se puede! ¡Es mejor no hacer nada! O mejor, ¡lo hacemos por cuenta propia! [...] Hace poco hice un trabajo para una editorial [...], me pidieron que hiciera una ilustración gigante en tres días, ¡y tardaron seis meses en pagarme! (Filipe Andrade).

Los creadores cuestionan a menudo la corrupción de la vocación (McCloud, 1993: 169). Los más puristas se quejan de que lo hacen todo por amor al arte, sin ceder a intereses económicos u otros que pongan en entredicho la vocación artística. De hecho, no siempre es fácil compatibilizar los plazos de entrega, una remuneración justa y la calidad de trabajo deseada.

> Por casualidad, un colega mío, ilustrador, me explicó la cuestión del triángulo presupuestario: plazo de entrega, calidad y dinero. El cliente siempre quiere controlar [...] los tres factores. Si controla el plazo de entrega y controla el dinero, nunca controlará la calidad (Ricardo Venâncio).

En este sentido, se entiende que la profesionalización de la creatividad no siempre se vea de forma pacífica cuando se aplica a los cómics o actividades afines, como la ilustración. Porque, como señala Zink (1999: 269), «la profesionalidad puede tener exactamente el mismo defecto que se le atribuye al amateurismo: la falta de tiempo para invertir en el arte, en este caso porque se está demasiado ocupado haciendo trabajos de valor discutible». Gustarle a uno lo que hace acaba siendo lo que más se valora en la producción de cómics, aunque algunos vean la actividad como un pasatiempo y otros como una posible carrera profesional. Idealmente, lo que se busca es conciliar la realización profesional con la personal, las recompensas económicas con las estéticas. Otra posibilidad es emprender otro rumbo profesional, pero sin perder la conexión instrumental o afectiva con el mundo del cómic.

> Empecé a hacer esto por placer y creo que siempre será así, tanto si es un pasatiempo como una carrera... ¡Es muy bueno hacer lo que te gusta! [...] Me siento mal cuando no dibujo un día..., es algo... inherente. Incluso si tuviera otro trabajo, difícilmente podría vivir sin dibujar cómics (Joana Afonso).

Las dudas surgen como una vergüenza cuando no se vislumbra ninguna salida profesional. Ricardo Venâncio, por ejemplo, siempre ha vivido del dibujo, excepto, como él dice, durante dos meses en los que trabajó como guardia de seguridad: «Mira, por casualidad, escribía mucho». A veces le asolaban dudas inquietantes: «Siempre había aquellos momentos en que decía: "¡Vale, ya está! Voy a dejar esto y hacer cualquier otra cosa..." o... "Voy a trabajar en un supermercado mientras no vea una salida". Pero gracias a la paciencia de mis padres...». Hoy no se le pasa por la cabeza vivir sin cómics, no por las recompensas económicas, sino porque se siente completo cuando dibuja, como tantos otros.

> Los cómics siempre me recompensarán, porque es algo que me gusta hacer, es algo en lo que trabajo con amor y pasión [...]. Aunque no consiga vivir de los cómics, y tenga que hacer otras cosas para sobrevivir, es una de esas cosas que siempre haré porque me da un placer enorme y es una sensación de..., es como si me sintiera completo cuando termi-

no un cómic. [...] Entonces, esto es algo que tendré que hacer durante el resto de mi vida (Ricardo Reis).

Aunque los trabajadores creativos se guían por estrategias de valorización personal en el campo profesional (Caves, 2000), son conscientes de que su reconocimiento público no sólo depende de su talento artístico, sino también de las oportunidades del mercado y la demanda. El talento individual debe adaptarse a las circunstancias, en un equilibrio inestable entre los deseos de ser valorado personalmente y realizarse profesionalmente. Las nuevas tecnologías de la información y comunicación también se utilizan para difundir la creatividad. De hecho, si «la tecnología es hoy una de las metáforas más potentes para comprender el tejido —redes e interfaces— del que se construyen las subjetividades» (Martín-Barbero, 2008: 20), se entiende que, para los jóvenes creadores, los blogs constituyan un potencial alternativo para difundir su creatividad (Castells, 2000; Deuze, 2007). McCloud (2000) ya predijo que internet revolucionaría la industria del cómic, tanto en términos de producción como de consumo. De hecho, lo que distingue el arte contemporáneo del arte moderno es que no se circunscribe a una naturaleza sólo estética, sino también comunicativa. El arte sólo se reconoce cuando se difunde.

Sin embargo, en Portugal, los cómics «continúan en un cierto limbo comercial, sin poder completar su legitimación cultural» (Isabelinho, 2011: 81). Por otro lado, los creadores reconocen que hay una falta de sensibilidad empresarial para acoger la creatividad.

> El tejido empresarial desaprovecha, en gran medida, la creatividad que existe. Y hay otros problemas aún peores, como cuando se abusa de esta creatividad (Filipe Andrade).

> Perdí la cuenta de las reuniones a las que asistí y, bueno, tal vez porque me veían más joven..., me trataron como a un niño que acaba de salir de la escuela [...]: «¡Si hasta te gusta dibujar! ¡No sé ni por qué te estamos pagando! ¡Calcula!». Son raras las reuniones en las que no salgo..., en las que no tengo que educar al cliente para que me trate de manera profesional, ¡son raras! (Ricardo Venâncio).

Las divisiones generacionales también se ponen de manifiesto en la incapacidad que tienen algunas empresas para lidiar con las nuevas tecnologías.

> Todavía trabajan como se hacía hace veinte años [...]. ¡No están acostumbrados a trabajar en red! [...] Para nosotros, es un poco..., un poco básico. Por ejemplo, el año pasado tuve que hacer libros de texto y nos pedían —porque estaba trabajando con dos ilustradores más—, nos pedían que, por favor, fuéramos a entregar los CD. Y yo...: «Pero ¿no pueden abrir un FTP y bajarlo...?». Hoy en día, es algo básico. [...] Y luego el trabajo se atasca de una manera preocupante (Ricardo Venâncio).

Profesionalizar la creatividad requiere una gestión creativa de la propia actividad profesional. En la mayoría de los casos, la creatividad asociada a los cómics se expande en otras direcciones, a áreas afines: ilustración, diseño gráfico, publicidad o guiones gráficos: «Es muy bueno tener experiencia como dibujante de cómics. Después, una cosa lleva a la otra» (João Fazenda). Ana Saúde, incluso trabajando como técnica comercial en un centro de copias, no deja de tener contacto con los cómics todos los días. Llegó a trabajar en un servicio telefónico de atención al cliente, pero no se identificó con el trabajo: «No es para mí». Ahora ha conseguido un empleo que le permite convivir a diario con los cómics y, en sus ratos libres, se dedica a la creación artística: «Trabajo en una tienda que hace impresiones [...]. Últimamente, de todo lo que ha salido en Portugal de cómics nuevos y más innovadores, he visto las pruebas de color porque soy yo quien las hace [...]. Tengo mucho contacto con los autores de cómics a través de la tienda».

La creatividad experimentada en la producción de cómics puede extenderse a otros dominios profesionales. El éxito depende en gran medida de la actuación de la oblicuidad. La historia de vida de Claudio nos muestra claramente cómo la oblicuidad es un proceso de experiencias y descubrimientos (Kay, 2011: 67). Claudio es un inmigrante brasileño, amante de los cómics. Hace ocho años, cuando tenía 29, decidió abandonar Curitiba y emigrar a Lisboa, dejando a su esposa y sus dos hijos con su familia: «Me arriesgué, ¿verdad?». El riesgo es una dimensión de la aventura, por eso se dice «quien no arriesga, no pasa la mar». Claudio ni siquiera invocó la razón económica como principal determinante de la decisión de emigrar: «Ni siquiera era un problema económico, también lo era pero... había otros motivos [...]. Aventurarse a encontrar algo mejor [...] y un cierto deseo y curiosidad por salir». Y aquí se encontró —y lo encontramos— vendiendo hamburguesas vegetarianas las noches de fin de semana, entre los barrios Bica y Baixa de Lisboa, donde aterrizan jóvenes en romería por los santuarios de la bebida y con un vacío en el estómago. La idea de vender hamburguesas vegetarianas surgió por casualidad, en una conexión inesperada entre espiritualidad y economía: «Reflejo mi ideología, la de ser vegetariano, en la calle y con los jóvenes».

Todo sucedió cuando acompañó al movimiento Hare Krishna en el norte de Portugal: «Me echaron una mano [...], yo los ayudaba [...], podía comer allí, pero me pagaban poco». Sacando ideas de aquí y de allá, decidió probar lo que veía hacer a otros, tocar música en la calle: «Me dije: voy a tocar la flauta [...]. Vi a mucha gente haciendo música en la calle y ganándose la vida así. De modo que dije: voy a tocar la flauta». De la sociabilidad de la calle surgen consejos, solidaridad, ideas, incitaciones al coraje: «Tocaba parado en la calle, y uno de los *punks* que también tocaban en la calle me dijo: "¿Por qué no tocas en las terrazas? Ganarás mucho más, pero se necesita coraje". Un turista que pasaba también me advirtió: "¡No puedes tocar aquí, ve adonde haya más gente!" [...]. Entonces dije: ¡voy a tocar en una terraza! Perdí el miedo [...]».

La actuación de la oblicuidad se basa en la experimentación constante, en una enorme capacidad de adaptación. Como en el arte secuencial de los cómics, la vida de Claudio, tropezando con dédalos de oportunidades, exploró otros cuadrantes y variantes. Después vendió varitas de incienso con mensajes, muchos «sacados de internet» o de su propia cabeza: «Fue algo muy cultural, las personas lo abrían, lo leían y les gustaba, algunas incluso los coleccionaban». En la profesionalización de la creatividad, los avances surgen de manera secuencial a través de metas y acciones intermedias, que se alcanzan de forma oblicua, donde la intencionalidad y la premeditación se aparean con el azar y la improvisación. Claudio pasó de los descubrimientos oblicuos a las estrategias de acumulación combinatoria, mezclando incienso con música: «Entraba en los restaurantes, tocaba la flauta, tenía varias flautas... Decía: "Si quieren, pueden colaborar con música o pueden adquirir uno de estos inciensos naturales que vienen con un mensaje" [...]. ¡Era divertido!». Las secuencias de la actuación de la oblicuidad anticipaban las consecuencias de la imprevisibilidad, aunque algunas fueran desagradables. Escudados en el derecho de admisión, algunos restaurantes comenzaron a cerrar las puertas a Claudio. Y para fuera también iban varitas de incienso, mensajes y música.

No se dejó abatir por el desánimo. En su historia de vida, Claudio compiló más viñetas de audacia creativa al inventar un nuevo personaje: la hamburguesa vegetariana. Todo comenzó con la aceleración de un conocimiento tácito (Polanyi, 1983), observando cómo varios inmigrantes exploraban formas clandestinas de ganar dinero: vendiendo rosas, anillos con luces o incluso drogas. Entonces, se juntó con unos amigos Hare Krishna y empezó a hacer hamburguesas para venderlas. Hasta que se independizó, gracias a su astucia natural: «¡Fueron muchas hamburguesas! Yo era el que más vendía [...], tenía un talento natural para estar entre la gente». Con lo que ganó vendiendo hamburguesas vegetarianas, consiguió traer a su mujer y sus hijos de Brasil. El negocio iba viento en popa y una clientela fiel a las famosas hamburguesas vegetarianas lo elogiaba: «La gente siempre me alababa, decía: "¡Joder, estás prestando un gran servicio a la comunidad!"».

Como en los cómics, cuando las cosas van bien, aparecen los malos de la película o los inoportunos. Y fue precisamente lo que ocurrió. Primero llegó la competencia: «Los indios comenzaron a vender samosas [...]. Me mosqueé un poco». Luego vinieron los robos: «¡Ya sabes! Los quinquis del vecindario...». El asalto final fue de la policía, que le acusaba de que el negocio de las hamburguesas era clandestino, además de la supuesta evasión de impuestos. Al recordar la primera multa, cuenta: «Me agarraron del brazo y me llevaron al coche patrulla... ¡Me habían puesto una multa de 300 euros!». Aquí vemos que «el contraste entre lo directo y lo oblicuo opone lo que es, inevitablemente, un espectro» (Kay, 2011: 70) (figura 5).

Legalizando las hamburguesas clandestinas, Claudio finalmente abrió un restaurante vegetariano, que también vendía por encargo. Nunca se le había ocurrido ganarse la vida vendiendo hamburguesas, pero su mente se alimentaba de ideas que, oblicuamente, hicieron posible la experiencia de lo que nunca había planeado: «Este negocio, además de ser un negocio, es una ideología [...]. Para cultivar carne, además de la tierra que ocupas, dicen que gastas dos mil litros de agua para producir un kilo de carne. Mientras que por un kilo de trigo gastas veinte litros de agua». Las hamburguesas no habrían surgido fuera de una cadena de interconexiones en la que había incienso, mensajes, música de flauta, espiritualidad, valores ambientales y nostalgia de la familia. Sin embargo, los objetivos

Cómics: la oblicuidad en futuros por inventar

Figura 5. El vendedor de hamburguesas.

multifacéticos sólo se recrearon cuando se combinaron sagazmente mediante estrategias adaptativas. De la misma forma que las historietas son un arte secuencial, las trayectorias profesionales de muchos de los jóvenes que seguimos —como la de Claudio— también parecen explorar esta misma filosofía, hecha de secuencias que alcanzan, por oblicuidad, consecuencias inesperadas. Los objetivos surgen, oblicuamente, como desafíos impuestos por descubrimientos realizados durante el trayecto, haciendo el camino al andar: la hamburguesa clandestina salta del carrito de venta ambulante al restaurante, los medios descubren propósitos diferentes a los previstos.

Hemos visto que los cómics se basan en una forma de comunicación en la que los contenidos se revelan en la oblicuidad de los sentidos que se desprenden de las imágenes de cada viñeta y también de las que avanzan secuencialmente de una a otra, ayudando a construir una historia interpretada. Las hipótesis interpretativas de las tramas narrativas surgen de esta oblicuidad de sentidos, explorando excesos de significado que no son directa o manifiestamente accesibles. La estrategia interpretativa explora así la superposición de realidades contradictorias que, en su contradicción, dan lugar a posibilidades para ordenar el caos. Esto significa que la previsibilidad interpretativa persigue la imprevisibilidad aún por interpretar. En una página determinada de un cómic no sabemos lo que sucederá a continuación. Es como si las fuerzas que llevaron el mundo de la simplicidad lineal a la complejidad no lineal fueran de la misma naturaleza que las fuerzas de la turbulencia que generan cualquier sistema caótico (Rushkoff, 1997: 66). Es esta imprevisibilidad la que retiene al lector, el caos que genera oportunidades interpretativas, la entropía (medida del desorden) que crea tropos (transformaciones, reposicionamiento del orden).

Pero esa imprevisibilidad no es exclusiva del mundo del cómic. En sus trayectorias de vida, los jóvenes se enfrentan a ella. La actuación de la oblicuidad que es propia del conocimiento interpretativo de los mundos ficticios de los cómics es también una actuación que puede medirse en la vida real. Las historias de vida de los jóvenes que hemos seguido ilustran muy bien esta posibilidad. Puede parecer extraño que el mundo del cómic se mire en el espejo del mundo real del mismo modo que se refleja en él. Pero cuando los japoneses comenzaron a hacer manga, no se encontraron frente a una simple diversión visual. Los dilemas de la sociedad tenían una respuesta en la cultura pop. En el sentido inverso, la estética del «arte secuencial», que es una de las marcas expresivas que más caracterizan a los cómics, se traspone a la vida real como una estética de vida en la que prevalece una actuación de la oblicuidad hecha de astucia e ingenio, ardides y artimañas.

Rushkoff (1997: 221-255) distingue tres formas de contar historias. Primero, las que buscan relatar hechos, hazañas o eventos reales de una manera literal, como si reflejaran la realidad. Luego están las que apuestan sobre todo por identificar al receptor con el héroe de la historia: éste se convierte en un referente que hay que copiar o es una proyección de quien se ve encarnado en él. Son historias que se convierten en metáforas por la forma en que se cuentan, y a menudo recurren a parábolas moralistas en las que los lectores pueden verse o revisarse. Son historias que comienzan con «érase una vez» y terminan con resultados moralmente predecibles: «se casaron y vivieron felices para siempre». Finalmente, hay otro tipo de historias, las que se alejan de la fuerza metafórica de la parábola y de la realidad emocional de los guiones preestablecidos. Son historias que desafían la pasividad de los receptores, invitándolos a asumir una experiencia más consciente y reflexiva de lo que les viene en forma de representación. Rushkoff ofrece varios ejemplos de estas historias, empezando con las de dramaturgos como Shakespeare, cuando introducen otras obras en la acción de una obra determinada. Las obras dentro de otras obras (*Hamlet*, *Sueños de una noche de verano*, etcétera) o los cuadros dentro de otros cuadros hacen que el receptor sea consciente de su condición de receptor pero, a la vez, le hacen «bajar al mundo real», le alertan sobre el compromiso con su experiencia. ¿Cómo reaccionará mejor el público? ¿Perdido en la realidad de la obra representada o consciente del distanciamiento de la representación? Lo que sugiere Rushkoff —en consonancia con las propuestas de Brecht— es que las respuestas a los dilemas de la obra se pueden buscar fuera del teatro, en el mundo real.

Éste es el caso de las historias de muchos de los jóvenes dibujantes de cómics que seguimos. En el mundo real, los jóvenes se enfrentan a las discontinuidades de la vida, en un terreno de juego de posibilidades indefinidas pero posibles, entre «predestinación» y «autodeterminación», «orden establecido» y «aleatoriedad». En el mundo del cómic, lo posible surge de *la actuación de la oblicuidad*, la capacidad de interconectar ocurrencias, circunstancias, ideas, resonancias. Esta actuación de la oblicuidad la encontramos en diversos sectores artísticos. Por ejemplo, en el *Daily Collage Project*, de Dilar Pereira, cuyas coordenadas podrían caracterizarse por atributos que la propia artista reivindica: improvisación colágica; experimentación sobre lienzo, papel y cartón; combinación de colores, texturas, imágenes, palabras o letras; artes de rasgar, cortar, dilacerar, pegar, yuxtaponer, mojar, construir, estructurar; dotes de reciclaje, observación, reutilización, recolección, cosecha, búsqueda de densidad, abstraccionismo, organicidad, voracidad; en resumen, artes del hacer cotidiano, a partir de gestos diarios.[5] Artes que engendran una especie de «circuito energético» capaz de conectar múltiples intereses y sensibilidades, como sucede en el movimiento *manguebeat* de Recife: cómics, televisión interactiva, antipsiquiatría, música callejera, azar, sexo no virtual, etcétera.

¿En qué se traduce esta actuación de la oblicuidad? En una capacidad que tienen los jóvenes para adentrarse en sí mismos, mirarse desde fuera y, a la vez, proyectarse hacia fuera desde dentro. En una propensión a la creación de nuevos mitos, sin que se abandonen los viejos, porque todo se puede recapitular cuando lo relegado se puede volver a conectar. En una aptitud para reconocer múltiples formas espirituales y materiales, en una variedad de fuentes y niveles, como sucede en el *interseccionismo* de Fernando Pessoa. Esta actuación de la oblicuidad, que fomenta redes de interconexión, facilita entre los jóvenes la profesionalización de la creatividad y la creativización en la profesión. La tensión entre vocación y profesión nos permite, finalmente, abordar otro tema actualmente en debate. Hemos visto que las estrategias de independización que muestran los jóvenes entrevistados parecen concordar con las tesis de la individualización (Beck y Beck-Gernsheim, 2002; Beck, Giddens y Lash, 1994), dada la audacia revelada en la construcción de sus biografías (Mortimer *et al.*, 2006). Sin embargo, también descubrimos que las llamadas «elecciones biográficas» o «biografías

---

5. Características evocadas en el 4.º aniversario del proyecto: http://dailycollageproject.blogspot.com/ (consultado el 15 de enero de 2018).

reflexivas» no son independientes de los constreñimientos sociales (Henderson, Holland y McGrellis, 2007). El universo de elecciones está distribuido de manera desigual y, además, los jóvenes a menudo se ven obligados a hacer elecciones que no desearían. Por eso, muchos de ellos no ven cómo podrán profesionalizarse en un arte que han abrazado desde la infancia con pasión. Pero todos parecen haber importado del mundo del cómic una actuación de la oblicuidad que les permite ser creativos con otras experiencias profesionales.

5. ¿DE QUÉ ESTARÁ HECHO EL MAÑANA DE LOS JÓVENES DE HOY?

En *Los cantos del crepúsculo*, Victor Hugo cuestionaba la sociedad en la que vivía, al constatar que las esperanzas se confundían con las dudas en una época de espera y transición. Preocupado, se preguntaba: «*De quoi demain sera-t-il fait?* [¿De qué estará hecho el mañana?]» (Hugo, 1909: 211). Más recientemente, en su libro *Habiter le Temps*, Jean Chesneaux (1996) nos invita a cuestionar las perversiones de nuestra experiencia con el tiempo, un tiempo que, especialmente para los jóvenes, tiende a reducirse a un presentismo separado del presente y del futuro, a una discontinuidad temporal que pone en entredicho la linealidad cronológica del tiempo (Negus y Pickering, 2000 y 2002; Pickering, 2004). Por eso, Chesneaux sugiere acertadamente que vivimos en tiempos de crisis golpeados por una crisis del tiempo. Entonces, si queremos reflexionar sobre los tiempos de crisis, podemos comenzar pensando en la crisis del tiempo.

¿Cómo responden los jóvenes a estos tiempos de crisis fustigados por una crisis de tiempo? Para empezar, puede valer la pena retomar las reflexiones inspiradoras de Frederic Jameson sobre los cambios que se están produciendo en los tiempos que corren, una expresión usada en dos sentidos: por referencia a un tiempo presente, simultáneamente precipitado y fugaz (Jameson, 1991). Al discutir los rumbos del tiempo, Jameson invoca tres conceptos: la *espacialización*, la *atemporalización* y la *presentificación*. Lo que sugiere Jameson es una creciente espacialización de la experiencia, ya que ésta tiende a desvincularse del tiempo. De ahí surge el concepto de atemporalización, como si el espacio se hubiera tragado el tiempo. ¿Qué significa esta atemporalización? Un eclipse de la linealidad temporal, la aparición de un tiempo fragmentado, discontinuo, caótico, disperso y huidizo. A medida que el tiempo se desvanece, se produce una reducción de la experiencia aquí y ahora. Esta presentificación, como sugiere Jameson, pierde de vista los horizontes del futuro y los recuerdos del pasado. Es decir, la experiencia tiende a desvincularse del tiempo histórico, del paso del tiempo, de ese tiempo en el que el presente aparece anclado al pasado y al futuro, lo sincrónico conectado con lo diacrónico. En el espacio sobrevive un lado visible del tiempo, claro. Pero ¿qué tiempo es? A menudo, es el tiempo secuestrado de nuestra existencia, un tiempo que nos arrastra en este secuestro, que nos hace perder la conciencia de la existencia en nuestra singularidad, un tiempo de alienación que no nos da tiempo a tomar conciencia de esa misma alienación, un tiempo que tiende a devaluar lo que antes y después le da una razón de ser: el pasado y el futuro. Por esta razón, el tiempo presente se ha vuelto huidizo, instantáneo, volátil, efímero: se comprime. Precisamente este recogimiento del presente sobre sí mismo hace que los horizontes temporales tiendan a colapsar (Lipovetsky, 1987; Harvey, 1990; Rosa, 2013; Torre, 2014). Particularmente entre las generaciones jóvenes, mientras el pasado se desecha simplemente porque ya ha pasado o ni siquiera se ha vivido, el futuro está en entredicho por su indeterminación.

La imprevisibilidad del futuro tiene un efecto: un desajuste entre los espacios de la experiencia y los horizontes de espera. Estos horizontes de espera combinan perspectivas y expectativas. La perspectiva es lo que ves desde donde miras; la expectativa es lo que se proyecta como factible o idealizable. Tomando el pasado como un espacio de aglomeración de experiencias y el futuro como un horizonte a través del cual se abre un nuevo campo de experiencias, Koselleck (1990) sugiere que el problema del tiempo consiste en saber cómo los campos de experiencia pasados se reflejan en los horizontes de espera futuros. Los horizontes temporales varían a lo largo de la historia. Entre 1500 y 1800, por ejemplo, el arco temporal entre el campo de experiencia y el horizonte de espera se encontraba significativamente dilatado. El horizonte de expectativas prácticamente anulaba el espacio de la experiencia. En la época del colonialismo, la explotación desenfrenada de las colonias proyectaba una avidez de futuro. Por el contrario, en los tiempos modernos vividos bajo el signo de la revolución, se produjo una contracción del tiempo que anticipaba el futuro en el espacio de la experiencia. Las revoluciones son para ya. Se exigen para lo inmediato. Diferentes fueron las épocas de las monarquías y los Estados absolutistas, temerosos de las aceleraciones del tiempo y de los cambios que provocaron, que podrían poner fin a su dominio. Sus estrategias defensivas buscaban ampliar el espacio de la experiencia mediante el control del horizonte de espera. En este caso, el campo de la experiencia se imponía sobre el horizonte de espera.[1] ¿Y hoy? Hoy también buscamos ampliar el espacio de la experiencia, pero no controlando el horizonte de espera, a pesar de que algunos jóvenes intentan «colonizar el futuro» (Giddens, 1997) en el sentido de que lo construyen como una aspiración simulada en el presente.

El futuro se teme no por lo que se espera de él, sino por no saber qué esperar de él. El presente se abre al futuro, pero a un futuro impredecible. Fijémonos en lo que sucede en los Estados Unidos de Trump, la Gran Bretaña de Teresa May, el Brasil de Bolsonaro, la Venezuela de Maduro, el Oriente Medio, la Unión Europea y el Brexit... Por eso se tiene miedo al futuro. El futuro se teme no sólo

---

1. Sobre las formas y los horizontes de la experiencia, véanse también Lepetit (1995) y Pickering (2004).

por lo que se espera de él, sino, sobre todo, por no saber qué esperar de él. El futuro se teme por su imprevisibilidad. Cuando se tiene miedo al futuro, el espacio de la experiencia tiende a extenderse, ya que las perspectivas para el futuro son amenazadoras. Esto es probablemente lo que les sucede a muchos jóvenes hoy. Viven una tensión entre la experiencia y la espera; por lo tanto, adoptan estrategias defensivas que buscan ampliar el espacio de la experiencia, que es el de la vida cotidiana (Pais, 1993). ¿Por qué los jóvenes invierten tanto en su vida cotidiana? ¿Por qué los valores juveniles son esencialmente valores cotidianos? En primer lugar, porque, entre los jóvenes, los tiempos presentes tienen prioridad sobre los del pasado y el futuro. Es como si los jóvenes hubieran perdido el sentido de continuidad histórica y vivieran el presente en función del presente. Esta presentación refleja, como se ha sugerido, una erosión del sentimiento de pertenencia a una sucesión de generaciones arraigadas en el pasado.

En este sentido, en muchos jóvenes, podemos hablar de un desajuste entre los espacios de la experiencia y los horizontes de expectativa o de espera, aunque no todos viven este desajuste de la misma manera. Los que se refugian en el presente con miedo del futuro tienen sentimientos de ansiedad y frustración con mayor frecuencia. Es lo que les pasa a los jóvenes desempleados o con dificultades para entrar en el mercado laboral: los acosan sentimientos de desilusión y son incapaces de imaginar un futuro con esperanza. La anticipación del futuro genera una ansiedad por alcanzarlo. En la desesperación de la espera, la esperanza en el futuro se ve amenazada porque no se puede convertir en realidad. Entonces, se entra en una situación de liminalidad, un espacio atrincherado en un presente que persigue un futuro que no se deja alcanzar.

Los horizontes futuros son espejos oscuros que no siempre pueden reflejar el futuro que los jóvenes imaginan (Morán y Mosteyrín, 2017). ¿Cómo se construyen los horizontes de futuro? Resultan de perspectivas y expectativas. La perspectiva es lo que se ve desde donde se mira; la expectativa es lo que se proyecta como factible o idealizable. Con la crisis como contexto, las perspectivas para el futuro son sombrías. Entonces, se apuesta todo a las expectativas, la idealización, la esperanza, cuando tienen cabida. Es cierto que hay expectativas o sueños de futuro que no llegan a concretarse, lo cual a menudo produce decepción y frustración. Sin embargo, en las brechas de la crisis también surgen exploraciones creativas que desgarran horizontes de futuro imaginados o incluso imprevistos. Cuando existe la capacidad de imaginar el futuro, se juega con las ilusiones futuras. No es casualidad que la raíz etimológica de «ilusión» se encuentre en la palabra latina *ludere*, que viene de *ludus* (juego). Imaginar el futuro de una manera ilusionada es tener la capacidad de jugar con determinada realidad que sólo da lo que uno conquista.

Salir de la oscuridad: conectividades digitales

Dado que gran parte de África palpita en América Latina, permítanme una breve aproximación a la realidad que experimentan muchos jóvenes africanos. África encarna las contradicciones más perversas del mundo actual, como nos sugieren los aprendizajes de Paulo Freire en sus incursiones en el continente africano (Freire y Guimarães, 2003). Para empezar, propongo que hagamos un viaje imaginario a Guinea-Bissau, en el África occidental.[2] ¿Están preparados para el viaje? Llegaremos a un país que, en 1974, salió de

---

2. En esta digresión, me apoyo principalmente en las contribuciones de una obra colectiva coordinada por Miguel de Barros, de la que amablemente me invitó a escribir el prefacio (Barros, 2016).

una guerra de liberación colonial y, posteriormente, de una guerra civil (1998-1999). En este país, en un período todavía de posguerra, los jóvenes entablan diariamente sus propias luchas de liberación y emancipación (Vigh, 2006). En un tejido social marcado por la pobreza económica, el desempleo hace que muchos de ellos vivan en situaciones muy precarias, a veces cansados de no hacer nada, sin medios de subsistencia. Con suerte consiguen, como dicen algunos, *um tiro kada dia*,[3] es decir, una comida diaria para matar el hambre. Pero ¿qué es lo que más duele? ¿La muerte del hambre? ¿La muerte de la guerra? ¿O la muerte social?

Llegamos a la capital, Bissau. ¿Ven a ese vagabundo revolviendo los cubos de la basura? Busca comida. Observen cómo los perros callejeros se pelean por los restos de comida. Mientras tanto, alguien grita: ¡*Bluuuuuufo*! ¡*Bluuuuufo*! Al grito le sigue un coro de risas entre algunos transeúntes. ¿De qué se ríen? ¿Qué significa *blufo*? Es un término insultante para aquellos que, a pesar de ser adultos, permanecen encadenados a un régimen de minoría de edad. Un *blufo* es alguien que es objeto de burla social por contener en sí mismo una contradicción. Es un hombre sin serlo. ¿Por qué? Porque en Guinea-Bissau, en la tierra de *ronku di matchu* [ronquido de macho], un hombre sin mujer no es un hombre. Un *blufo* es alguien que se quedó al margen del *fanadu* [ritual de circuncisión], que marca el paso a la edad adulta. El término *blufo* describe un tipo de «castración social», una incapacidad para asumir la condición de adulto, una subordinación propia de aquellos que no pueden liberarse del estado de joven, una disritmia entre la edad cronológica (biológica) y la edad social. En resumen, una «moratoria social», una realidad que también viven muchos jóvenes europeos y sudamericanos, aunque de manera diferente.

---

3. En cursiva, se recuperan las expresiones del portugués criollo de Guinea-Bissau.

En Guinea-Bissau, la tensión entre tradición y modernidad es fuerte. La reciente atracción de los jóvenes guineanos hacia los movimientos proféticos parece corresponder a un rechazo de las viejas creencias sobre brujería y adivinación, a menudo asociadas a los males de la envidia y a las influencias espirituales. Los jóvenes quieren emigrar, quieren conectarse con otros mundos. Los signos de la modernidad tejen identidades culturalmente estilizadas a través de la imagen corporal. Los jóvenes invierten en ropa y accesorios, como gorras de béisbol, zapatillas de marca, gafas de sol Ray Ban *made in China* o pantalones ajustados que acentúan las siluetas corporales de las *Clara di Sabura* [las «Claras de las Fiestas»], chicas que buscan diversión o algo más. Protagonizan una movilidad ascendente en un ambiente de fiestas y discotecas. Desviándose a menudo hacia la prostitución, algunas confían en la complicidad de sus padres y sus novios, ya que todos se benefician de las ganancias que produce la huida de la miseria económica.

Las inversiones corporales con las que los jóvenes guineanos estilizan su imagen son signos de una occidentalización que se exhibe porque se desea. Los amuletos y talismanes se han reemplazado por móviles y perfumes. Incluso se podría hablar de un poscolonialismo cultural en el que el *branku* [blanco] aparece como un icono de referencia cultural que hay que mimetizar. Se produce una valorización de la marca *branku*: *mesinho di branku* [medicamento de blanco], *skola di branku* [escuela de blanco], *vida di branku* [vida de blanco]... Incluso cuando los jóvenes extranjeros entran en contacto con jóvenes guineanos, en el ámbito de proyectos internacionales de voluntariado para la cooperación, el aprendizaje mutuo, de una naturaleza intercultural, no deja dudas sobre a quién le gustaría «ponerse en los zapatos del otro».

Pero también están los jóvenes que, al ver que todas las *Clara di Sabura* se echan en los brazos de los *ronku di matchu*, lamentan más su triste destino. Sin trabajo ni dinero, no tienen acceso a las mujeres ni al matrimonio. Sobre ellos se cierne una amenaza social, la de convertirse en *blufos*. La falta de esperanza y la conciencia de que la suerte es ingrata se condensan en una expresión criolla que ilustra un modo de vida: *coitadesa* [pobreza]. Un futuro bloqueado que cierra la puerta a la esperanza, prolongando la dependencia de los jóvenes de sus familias en una especie de «moratoria social». Sin embargo, la *coitadesa* no impide imaginar el futuro, reivindicar una autonomía deseada, pensar cada uno por sí mismo: *kada kin pa si kabesa*. También utilizan expresiones que manifiestan el deseo de dar el salto, cambiar de vida: «abrir los ojos», «ir hacia adelante», «comerse el mundo», «salir de la oscuridad». *Salir de la oscuridad* puede ser llegar a Dakar o a Conakry antes de dirigirse a la fantaseada Europa (Vigh, 2009). Cualquier apeadero sirve para mantener viva la llama de la esperanza, cualquier lugar de paso es deseable si en él se experimenta la sensación de «ver Francia». Aunque sólo sea a través de la televisión, un móvil o un ordenador con acceso a internet.

Recientemente evalué una excelente tesis doctoral sobre jóvenes del Senegal (Falcão, 2016). Perdida en los anexos, encontré una preciosa fotografía en la que se veían móviles dibujados por los niños de una aldea de aquel país. Es decir, incluso en lugares remotos de África, los niños y los jóvenes quieren conectarse con el mundo por el móvil o internet, aunque sea ilusoriamente. En los últimos años, según informes del Banco Mundial, en algunos países africanos hay más personas que tienen un teléfono móvil que personas con acceso a agua corriente, a una cuenta bancaria o incluso a electricidad. Una hipótesis que pongo sobre la mesa parte de la suposición de que la huida de la marginalidad social puede pasar por la conectividad. La idea no es mía. La descubrí en Brasil de la mano de los jóvenes creadores del *manguebeat*, un movimiento cultural que nació en los manglares de la ciudad de Recife. Para sobrevivir, muchos jóvenes de esos manglares se dedican a pescar cangrejos, dado el carácter fangoso de la tierra. El barro, considerado un símbolo de suciedad y pobreza, es visto por los jóvenes como una alegoría de la fertilidad y la creatividad. Inspirados en la obra *Hombres y cangrejos,* de Josué de Castro, los jóvenes del movimiento *manguebeat* proclamaron la aparición de una nueva especie de cangrejos con antenas wifi, claramente globalizados. Por eso, el *manguebeat* simboliza una antena parabólica incrustada en el barro del manglar. Lo que anticipaba el *manguebeat*, en el fondo, era la posibilidad de un diálogo emancipador entre lo local y lo global, el margen y el centro. ¿Cómo? A través de *chips* y *bits*, recursos informáticos para difundir una cultura con la ayuda de la música (rock, maracatu, hiphop). Lo que encontramos en el *manguebeat* es una apuesta por una cultura de conectividad, es la posibilidad de que las tecnologías de la información puedan favorecer nuevas formas de intercambio cultural y protagonismo político.

Con toda la poética metafórica que caracteriza al guaraní, un idioma todavía oficialmente vigente en Paraguay, se inventó una palabra para designar internet. La expresión utilizada, ya en un contexto de aculturación poscolonial, es *ñanduti guazú*, cuyo significado es «gran tela». En esta gran tela, muchos jóvenes de hoy reivindican nuevas habilidades y conocimientos que superan los procesos tradicionales de participación cultural y política. En el mundo *ñanduti guazú* se expanden las oportunidades para la participación cívica (Banaji y Buckingham, 2013), orientadas a construir una cultura de solidaridad, de dar y compartir (*sharing is caring*). Esto se ve claramente en la forma en que los jóvenes indígenas de Latinoamérica se mueven en el mundo *ñanduti guazú*. Aunque muchos de ellos viven lejos de los territorios ciberespaciales, aunque tienen bajos niveles de alfabetización digital, esta gran tela les ofrece muchas posibilidades de realizar intercambios culturales. En el mundo *ñanduti guazú*, algunos jóvenes indígenas de Latinoamérica utilizan las redes electrónicas para promover su cultura, preservar su identidad y combatir las amenazas al medio ambiente. Su inclusión digital les permite aprovechar el comercio electrónico para difundir sus artesanías, su música, su conocimiento medicinal, sus mitos y leyendas (Ruiz, 2008; Zebadúa, 2009). Hay un número significativo de proyectos culturales que exploran estas formas de inclusión digital. Por ejemplo, el Proyecto Habla de la Fundación Anesvad (Madrid), implementado en Bangladesh y Perú, promueve la creación de vídeos comunitarios, grabados con teléfonos móviles, para documentar la realidad cotidiana de las poblaciones desfavorecidas.

El guaraní tiene una palabra sugestiva para designar correo electrónico. La expresión inventada es una clara evidencia de la creatividad lingüística: *ñe'êveve* [palabra que vuela]. Eduardo Galeano nos dejó un libro fascinante, *Las palabras andantes*. En la gran tela, las palabras vuelan. Los jóvenes muestran una enorme habilidad para hacerlas volar. Sienten que su voz se puede escuchar, como les sucede a los jóvenes senegaleses cuando utilizan la expresión *am baat* [tener voz, ser considerado] (Falcão, 2016). Y por esta misma razón, en Senegal, como en otras latitudes geográficas, las culturas digitales aparecen como instancias de movilización social y política. En Senegal, como en Mozambique y otras regiones africanas, los problemas de las aldeas se debatían tradicionalmente a la sombra del llamado *árbol de las palabras*, siempre respetando la primacía de la gerontocracia, en la que se valora la sabiduría de la palabra de los ancianos (Gersão, 2014). Hoy, entre algunos jóvenes africanos, el *árbol de las palabras* fructifica en las redes sociales mediadas por las nuevas tecnologías, de las que las generaciones mayores están más alejadas.

Castells (2012) se pregunta qué hizo estallar en todo el mundo, a principios del presente siglo, los movimientos sociales juveniles como el que estuvo protagonizado por los llamados *indignados*. Entre otras razones, destaca la capacidad de interconexión de los jóvenes. En las redes sociales mediadas por las tecnologías de la comunicación, los jóvenes exploran nuevas posibilidades de autoexpresión y subjetivación. De hecho, en la formación de las identidades juveniles contemporáneas existe una tensión creciente entre los procesos de socialización y los procesos de subjetivación: en un caso, la constitución de identidades es de naturaleza heterónoma; en el otro, las identidades biográficas destacan de manera más autónoma y reflexiva. Es cierto que los lazos que se establecen en algunas redes sociales potencian futilidades que sólo favorecen la formación de subjetividades embrutecidas, con repercusiones negativas en la relación de los jóvenes con la familia y los amigos reales. Sin embargo, en algunos casos, se desarrollan subjetividades centradas en una conciencia social sensible a las causas sociales, a la diversidad cultural y a la solidaridad social (Shirky, 2010). En las acciones colectivas sociocéntricas, encontramos un rasgo identificado por H. Blumer (1951) en sus pioneras reflexiones sobre los movimientos sociales: una inquietud y frustración ante las condiciones de vida, pero, a la vez, una llama de esperanza todavía viva, un deseo de cambio que la palabra ayuda a difundir.

Los jóvenes manifiestan una enorme habilidad para hacer volar la palabra en el mundo *ñanduti guazú*. Se movilizan en las redes sociales, se interconectan, tejen tramas de complicidad. Sienten que entre ellos y las palabras existe el deber de no guardar silencio, por lo que se involucran en nuevas redes de comunicación que apoyan la participación cívica y política: páginas web, Facebook, blogs, foros, protestas en línea, etcétera. Por lo tanto, nos encontramos ante el renacimiento de una forma no institucional de hacer política, una reinvención de la acción política en sí misma (Beck, 1995), una participación consciente en el llamado ciberactivismo (McCaughey y Ayers, 2003). De hecho, cuanto más interactivo es un proceso de comunicación, cuanto más *vuela la palabra*, mayor es la probabilidad de formar procesos de acción colectiva. Todo esto sucede en el área cultural. La esencia de todo el proceso cultural es la *comunicación*. Si aceptamos esta idea, debemos tener cuidado con la metáfora de la *frontera*, porque en el mundo *ñanduti guazú* la palabra tiene el poder de sobrevolar las fronteras, interconectando culturas. Todas son diferentes en su diversidad, pero todas forman parte de una gran tela cultural.

A esta gran tela también han llegado los piratas posmodernos, que cuestionan el valor y los usos de la información digital (Castells y Cardoso, 2013). El movimiento de los «partidos piratas», con una notable representación en Iberoamérica (Saturnino, 2015), cuestiona los intereses comerciales asociados al control de la información digital y reivindica que el intercambio de información sea considerado un derecho universal. Por esta razón, estos piratas del ciberespacio exigen formas alternativas de consumo y distribución de la cultura, como es el caso del contenido hasta ahora protegido por las leyes de derechos de autor y propiedad intelectual: películas, música, libros, vídeos, etcétera. En otras palabras, las redes sociales permiten que los jóvenes tengan acceso a nuevas formas de participación cívica y protagonismo político en un terreno manifiestamente cultural.

Estas nuevas formas de participación, aunque estén marcadas por la defensa de una causa común, reivindican experiencias subjetivas en el ámbito de una política digital para la vida. De hecho, los jóvenes viven en una era digital y quieren formar parte de ella activamente (Feixa, 2014). Para muchos jóvenes, internet les permite cruzar las fronteras del refugio familiar, incluso cuando se refugian en él para obtener una mayor libertad al conectarse a internet (Pais, 2012). No son pocos los jóvenes que crean un perfil personal en cualquier página de internet y participan en múltiples socializaciones en línea. Desde cualquier portátil o teléfono móvil pueden despegar para conquistar otros espacios, territorios virtuales que albergan encuentros y sentimientos de pertenencia grupal e identitaria. Los jóvenes encuentran en la comunicación móvil una forma apropiada de expresión y afirmación (Castells *et al.*, 2006). La creciente difusión de los teléfonos móviles y de internet ha contribuido a potenciar la comunicación entre los jóvenes, favoreciendo una mayor autonomía relacional (Metton, 2010). El potencial liberador de las nuevas tecnologías de la información y la comunicación se sigue sintiendo entre los jóvenes con condiciones sociales más desfavorecidas o entre los que, declaradamente, asumen que son mendigos. Podemos tomar el ejemplo de los *lazy beggars* (vagabundos vagos). Los he visto en Lisboa pero pasan más tiempo en España. Movilizan recursos simbólicos orientados a celebrar una identidad (individual o grupal). La sacralización de la celebración grupal está asegurada por consumos (bebidas y drogas) y fachadas corporales (tatuajes, *piercings*, barba, ropa), fenómenos que dan la razón a Peter Burke (2009: 198) cuando sugiere que se necesita una «teoría política de la moda» para comprender mejor la naturaleza de los conflictos sociales, ya que las identidades culturales aparecen ritualizadas en las formas de ser y aparecer, como resultado de políticas de «sumisión» o de «resistencia». Veamos cómo se identifican estos jóvenes eternos, que insisten en querer ser jóvenes independientemente de su edad biológica:

> Básicamente somos unos vagabundos muy vagos; en el sentido tradicional (vivimos en la calle y pedimos dinero) y tambien en el poco tradicional (como para ser sinceros y hacer reír a la gente). Oh, sí; también tenemos página web (recuerda: internet es la calle más larga). Esperamos hacerte reír. Esperamos hacerte pensar. Esperamos hacerte ser generoso.[4]

---

4. http://www.lazybeggers.com (consultado el 10 de noviembre de 2017). Dirección de Facebook: https://www.facebook.com/The-Lazy-Beggars-128744753859973/. Dirección de Twitter: https://twitter.com/lazybeggers.

¿Estamos ante un nuevo *ethos* creativo? Me dirán: siempre ha habido mendigos a lo largo de la historia. Es verdad. Cuando Dostoievski, en sus *Memorias del subsuelo* (2006), mostró cómo algunas conductas de riesgo entre los vagabundos parecían asociadas a la perversión, al impulso de convertir lo predecible en arbitrario, al desafío de enfrentar el riesgo..., de hecho señalaba una asociación entre vagancia y delincuencia que todos los géneros de literatura han puesto en evidencia, desde la literatura clásica hasta la de cordel.[5] En el caso de los *lazy beggars*, persiste el desafío de enfrentar el riesgo; pero estos vagabundos posmodernos no son necesariamente delincuentes. Exploran, a su manera, algunas características del vagabundeo: inconsistencia, inestabilidad, callejeo. Sin embargo, afirman que son diferentes, porque se consideran «vagabundos muy vagos». Y aunque también afirman que son vagabundos en el sentido tradicional del término («vivimos en la calle y pedimos dinero»), no dejan de reivindicar un estatus diferente: son «vagabundos» en un sentido «poco tradicional», ya que son «sinceros», «hacen reír a la gente» e incluso crearon una página web. Es más. Defienden una ética de vida que no se expresa sólo en valores individuales, como el de la sinceridad personal. La ética de vida que adoptan está alineada con valores sociocéntricos: la risa social, el cuestionamiento de la vida, la generosidad, la solidaridad: «Esperamos hacerte reír. Esperamos hacerte pensar. Esperamos hacerte ser generoso». En la web de los *lazy beggars*, en la que no falta la posibilidad de recaudar donaciones por medio de PayPal, se dan ideas para conseguir dinero. Por ejemplo, *la guitarra de aire*: «Disfrázate como puedas (sientas) y ponte en una calle concurrida, tocando la guitarra de aire (pretendiendo tocar una guitarra inexistente) con un

---

5. Para el período del Antiguo Régimen, véase la obra de Roger Chartier (1987), que nos detalla las representaciones literarias de los marginales, los falsos mendigos, ladrones y vagabundos usurpadores de la caridad pública.

cartel que diga "para una guitarra nueva"». Otra idea es *la fuente de los deseos portátil*: «Consigue un recipiente transparente (recicla uno, cortando una botella de agua), cubre con unos centímetros de agua, añade unas monedas y pon un cartel que diga "haz un deseo"». Son ideas para inventar dinero, como las baladas o el arte circense callejero, donde la ociosidad prevalece sobre el trabajo. ¿Quiénes son estas personas que, con muchos años a sus espaldas, resisten a una vejez temprana? A su manera, buscan emerger de la oscuridad de una vida adormecedora, la negación de la propia vida, lo que no les impide usar las tecnologías digitales para proyectar sus ideales y conseguir algo de dinero. A su manera, se ganan la vida.

Por supuesto, todavía hay muchos jóvenes que viven fuera del mundo *ñanduti guazú*. Y también es cierto que en este mundo se reproducen fuertes asimetrías y jerarquizaciones sociales, anomias y desocializaciones (Pais, 2006; Turkle, 2012), conductas alienantes y criminalizables (acoso sexual, espionaje, estafa electrónica, etcétera). Pero también es cierto que en *ñanduti guazú* se abren nuevas ventanas de oportunidad, participación y emancipación. En el área de las culturas digitales, los jóvenes reivindican experiencias subjetivas en el ámbito de una política digital para la vida, pero también exigen formas de participación marcadas por valores de intercambio y solidaridad. La cultura de la autonomía no impide la afirmación de una conectividad cultural basada en flujos interactivos: de información, de cooperación, de dádivas, de símbolos compartidos. Un mundo donde las palabras vuelan y, con ellas, vuelan ideas que apuntan a nuevas formas de relación social y cultural. Volviendo a los jóvenes de Guinea-Bissau, la gran mayoría todavía vive fuera del mundo de las culturas digitales. Pero conocen bien el poder de la palabra que vuela. La hacen volar en los debates radiofónicos, pero también en el campo del *rap kriol[u]*, donde la palabra cantada denuncia las dificultades y las miserias sociales experimentadas en la vida cotidiana. En las letras de las canciones de rap, los jóvenes guineanos denuncian la desorganización del país, la corrupción, el dinero gastado en vano, el narcotráfico, los negocios ilegales, el crimen organizado, el hambre, la tiranía, el sufrimiento, los apuros. Un día —¿quién sabe?— quizás puedan dejar atrás la *coitadesa*. Entonces se comerán el mundo, saldrán de la oscuridad, gozarán de una *vida di branku*, dejarán de matar el hambre con una sola comida al día. La supervivencia se alimenta de esperanza.

El «mundo si»: crisis y futuros posibles

Cuando Schumpeter, al comienzo de la Segunda Guerra Mundial, elaboró su teoría de los ciclos económicos, había una relativa regularidad en la sucesión de estos ciclos: a la recesión y la depresión les seguían los ciclos de recuperación y prosperidad. Hoy, sin embargo, con la globalización de la economía, los epicentros de crisis son plurales e interdependientes y contienen efectos de contagio (Calvo, 2009). Además, la prosperidad de algunos puede generarse en detrimento de otros. Por eso, John Urry, en el libro *What is the future?* (2016), al abordar los nuevos futuros catastróficos o distópicos, abre puertas a discutir el futuro a partir de paradigmas complejos que contemplan no sólo individuos y estructuras sociales, sino también tránsitos, dependencias, obstáculos y reversibilidades.

Aunque la crisis se defina como un efecto crítico de desestabilización o fractura de un orden económico o social que el paso del tiempo ayudaría a revertir, es cierto que la crisis actual no es episódica; al contrario, es persistente. En muchos países de África, Asia y Latinoamérica es terriblemente endémica. Esta hipótesis fue explorada en un número temático sobre la crisis en la revista antropológica *Ethnos*, en 2008. En el artículo de apertura, Henrik Vigh muestra cómo la cronicidad de la crisis tiene implicaciones metodológicas en el análisis de la propia crisis. En lugar de analizar los contextos de la crisis, lo que Vigh (2008) nos propone es tomar la crisis como un contexto, es decir, un campo de acción y significado, más que una irregularidad.

La irregularidad proviene de una concepción de crisis que la considera la ruptura de una supuesta normalidad que sería reemplazada con el paso de la crisis. Rossana Reguillo identifica críticamente esta concepción de la *normalidad* como el terreno del cual emerge cualquier «obstáculo que interrumpe el flujo "normal" de los acontecimientos». Para Reguillo, la idea de una normalidad perturbada por la crisis es cuestionable, ya que «lo que irrumpe no es en sí un acontecimiento que rompa un orden cotidiano, sino justamente su exacerbación, la intolerable repetición de lo que hay» (Reguillo, 2017: 21-22). Por otro lado, al considerar la cronicidad de la crisis, estamos abiertos a un giro metodológico y analítico que nos hace centrar la atención no sólo en los factores que generan la crisis, sino también en la forma en que los jóvenes la viven, objetiva y subjetivamente (Mbembe, 1995), inventando formas de vida en mundos cada vez más fragmentados y volátiles. Sólo si se inspiran en esta concepción, las políticas sociales ya no se centrarán en el reemplazo de un orden perturbado por la crisis. También se sintonizarán con un devenir proveniente de la existencia. ¿Cuál es el escenario de esta existencia? La crisis como contexto. Como Henrik Vigh (2008) señala acertadamente, la mayoría de los análisis de crisis se centran en dimensiones retrospectivas del fenómeno. Se exploran las contextualizaciones históricas de la crisis. O se contemplan los efectos inmediatos. O incluso formas de superar la crisis volviendo a una supuesta normalidad. Esta concepción difícilmente puede ofrecer una respuesta a situaciones de crisis prolongadas. ¿Cómo gestionar vidas cuando la crisis es el contexto de esas vidas? ¿Los jóvenes serán capaces de vivir en contextos de crisis? ¿Sabrán construir nuevas estrategias creativas para hacer frente a las adversidades de la crisis?

Sabemos que la crisis es el escenario de profundas brechas sociales (Bárcena, Prado y Hopenhayn, 2010). En un sentido tradicional, el concepto de brecha se refiere al concepto de grieta social, que genera fracturas, asimetrías y exclusiones sociales. El nobel de Economía Joseph E. Stiglitz también utiliza el concepto en este sentido en su libro *La gran brecha: qué hacer con las sociedades desiguales* (2015). En otro sentido, las brechas pueden favorecer las exploraciones creativas cuando los intersticios se aprovechan astutamente. Lévi-Strauss (1958) asocia, además, la capacidad de improvisar a la exploración de los intersticios. El *bricoleur*, como lo definió Lévi-Strauss, es un artista de la improvisación, la recomposición creativa, la creatividad fragmentaria, las conexiones rizomáticas, el reencantamiento de lo desechable. El *bricoleur* es un explorador de intersticios, que mantiene encendida la llama de la creatividad incluso en condiciones adversas. Al tomar la crisis como contexto, lo que pongo sobre la mesa es la capacidad de muchos jóvenes para explorar creativamente los intersticios de las crisis que perturban el orden social.

La incertidumbre y la imprevisibilidad del futuro son cualitativamente diferentes cuando la crisis, en lugar de ser tomada como un efecto de factores reversibles, se ve como un contexto de futuros posibles. En este contexto, ¿qué se puede entender por futuros posibles? Son futuros cuya posibilidad de que ocurran está marcada por la imprevisibilidad, son futuros que están asociados a la incertidumbre y al riesgo. «El futuro como riesgo» es precisamente el título del segundo capítulo del libro de Niklas Luhmann *Sociología del riesgo* (2006: 79-96). No es casualidad que la noción de *riesgo* aparezca asociada a los viajes por mar. Se cree que una expedición marítima tendrá éxito si el mar está en calma, si el barco no encalla, si el viento sopla a favor..., pero cualquier tormenta puede hacer naufragar el barco o llevarlo a descubrir una isla desconocida, como sucedió en la época de los descubrimientos marítimos. Niklas Luhmann reconoce esta conciencia del riesgo en el antiguo comercio oriental, cuando «se confiaba en la adivinación, en las deidades protectoras o, más racionalmente, en las aseguradoras» (Luhmann, 2006: 52-53).

No está lejos de esta idea la reflexión de Gabriel Tarde sobre el concepto de futuros posibles en sus ensayos sobre monadología. Afirma: «Entiendo por posible no lo incierto, lo dudoso, sino lo seguro con condiciones» (Tarde, 2007: 167). A partir de esta idea, Tarde se pregunta: «Dado que el futuro es tan inevitable como imborrable es el pasado, ¿cómo podemos dar a la idea de posibilidad un sentido y un alcance legítimos?» (Tarde, 2007: 193). Al asociar la duda con la idea de posibilidad, Tarde concluye que los futuros posibles sólo dependen de una simple conjunción: «si». Los «sis» son las cortinas que se abren a futuros posibles (Tarde, 2007: 193-196). A numerosos futuros posibles. La trayectoria de los jóvenes también aparece marcada por muchos «sis». Lo mismo puede decirse con relación a sus horizontes de futuro. La imprevisibilidad de los rumbos sociales afirma la contingencia como uno de los valores de la sociedad contemporánea. Es la fuerza de la contingencia lo que hace que algunos eventos sean meramente una eventualidad. Son eventos que pueden ocurrir o no como resultado de circunstancias casuales que, a menudo, se entrometen en las trayectorias planificadas. La aleatoriedad, el riesgo o la imprevisibilidad son manifestaciones de la contingencia (Brüseke, 2007: 72). Por eso hablamos de futuros contingentes que reflejan el carácter contingente del presente, donde se forman los múltiples «sis» que animan la vida. Lo que sugiero es que la contingencia puede utilizarse como un recurso y no sólo como una inevitabilidad, para hacer surgir oportunidades y no sólo amenazas. Es decir, las contingencias de la vida desencadenan riesgos y oportunidades. Algunos jóvenes recurren a planes de contingencia que sólo conducen a una huida precaria de las condiciones adversas de la crisis. Otros buscan jugar con las contingencias de la vida para su beneficio, adaptándose al «mundo si». Sin embargo, los planes de contingencia no ponen en entredicho las realidades que producen las adversidades. La creatividad contingente, por el contrario, tiende a crear realidades alternativas a las que producen fatalidades. ¿De qué forma? Explorando posibles futuros que las propias realidades contingentes hacen posibles. Los jóvenes juegan con estas posibilidades contingentes, transformándolas en un desafío vital.

Después de presentar estas ideas sobre el «mundo si» en las II Jornadas de Investigación de Estudios sobre Juventud (Respuestas juveniles a la crisis), organizadas por el Centro Reina Sofía sobre Adolescencia y Juventud de Fuenlabrada, Madrid, me complació ver, al año siguiente, un número de la revista *The Economist* (vol. 428, n.º 9099, julio de 2018) dedicado al mismo tema: *The World If* (El mundo si). Este mundo forma parte de una galaxia cuyas estrellas brillan con preguntas conjeturales que no han pasado inadvertidas para la prestigiosa revista. Enumeremos algunas. *What if...* ¿Qué pasaría si..., por ejemplo, China comenzara a dictar las reglas globales de la economía, si es que no está sucediendo ya? ¿Qué pasaría si la Unión Europea se desintegrara? ¿Qué pasaría si el 50% de los directores ejecutivos fueran mujeres? ¿Qué pasaría si las plataformas digitales compraran los datos personales, quién sabe con qué intenciones? ¿Qué pasaría si los drones y otros inventos robóticos controlaran los mares, las olas, el tráfico de personas y otras actividades ilegales? ¿Qué pasaría si los insectos reemplazaran a la carne en nuestras dietas? Y termina con dos preguntas conjeturales del «mundo si» que nos llevan a pensar en el futuro de los jóvenes: ¿qué pasaría si los niños de todo el mundo asistieran a la escuela? y ¿qué pasaría si las empresas dejaran de contratar empleados?

Rumbos sociales y retos educacionales

La proyección de un escenario sobre lo que sucedería si todos los niños del mundo fueran a la escuela parte de la constatación de una realidad: el proclamado derecho a la educación no está al alcance de todos los niños. El absentismo escolar persiste en países pobres o subdesarrollados y sigue afectando a muchos niños, principalmente del África subsahariana, del norte de África y de Oriente Medio. En estas regiones, no más del 35% de los niños llegan a la secundaria. Sin embargo, incluso para los niños que van a la escuela, la situación es preocupante. La revista *The Economist* se hace eco del escepticismo de algunos investigadores, como Lant Pritchett, profesor de la Universidad de Harvard: «*if you want to find an uneducated child in today's world [...] you can find them in school*» (si se quiere encontrar niños sin educación en el mundo actual [...] sólo hay que buscar en la escuela). Este escepticismo tiene alguna razón de ser. Hay escuelas que no funcionan bien. Ya sea por la falta de vocación de los maestros, la falta de motivación de los estudiantes o la carencia económica de familias con dificultades para comprar alimentos y mucho menos libros. Lo importante es cuestionar las razones por las que la escuela no cumple sus funciones educativas.

Entre rumbos sociales y retos educacionales no hay sólo una rima sonora. ¿Seremos capaces de pensar en unos sin los otros? Lo que más me atrae de la metáfora de la convergencia sonora es el desafío metodológico que plantea. Es la invitación a descentralizar la mirada de una realidad para comprenderla mejor. Es la posibilidad de movilizar una pluralidad de puntos de vista de diferentes disciplinas sobre realidades conjugables. Es el emocionante desafío de intercambiar puntos de vista. Lo que el ojo ve depende, por supuesto, del punto de vista. En mis estudios, uno de los métodos que he utilizado con más frecuencia es, precisamente, el de mirar a los lados. Al ser economista de formación, a veces me preguntan cómo me convertí en un investigador híbrido, con incursiones en los campos de la sociología, la antropología y la historia. La respuesta es simple. Como economista, lo único relevante que he descubierto es que muchas de las paradojas de la economía sólo pueden desentrañarse mirando a los lados, es decir, invocando variables de naturaleza extraeconómica. Hay dos formas genéricas de mirar a los lados. Una nos invita a conectar saberes de diferentes campos disciplinarios. La otra nos desafía a cruzar las fronteras que delimitan artificialmente una realidad cuando se recorta empíricamente como objeto de estudio. Podemos hacer estudios riquísimos centrados en el aula. Pero lo que sucede en un aula no es independiente de lo que sucede a su alrededor. Debemos ser capaces de generar un conocimiento sobre la escuela que no la separe de lo que sucede en el exterior. Además, tenemos que saber proyectar hacia fuera el conocimiento que se produce dentro de la escuela, valorando los dilemas sociales que en ella puedan surgir.

Dando relevancia a lo que aprendí de los jóvenes creadores de cómics, lo que propongo es una metodología de oblicuidades y conectividades. La distinción que Tolstói hace en *Guerra y paz* entre el erizo y el zorro es bien conocida. Los erizos se mueven lentamente hacia un objeto en particular. No es de extrañar que a menudo luchen por respuestas preconcebidas, incluso antes de definir un problema. Todo lo que cuestionan es lo que presuponen. En cambio, los zorros se mueven oblicuamente. Juegan con astucia y agilidad. Los economistas que mejor enfrentan las paradojas de la realidad económica juegan con la intuición, el ingenio y la creatividad. Miran a los lados. Creo que muchas políticas educativas fracasan porque siguen una estrategia de erizo, de cerrarse a la realidad social que no sólo rodea sino que se cruza con lo que sucede en las instituciones escolares. No juegan astutamente, no se mueven oblicuamente, como los zorros. No miran a los lados. Sin mirar a los lados no podemos ser creativos. Si me piden una definición simple de creatividad, diría que implica la capacidad de conectar lo que está desconectado. Es, como hemos visto, lo que les sucede a los jóvenes creadores de cómics o a los niños en sus experimentos lúdicos de construcción con piezas de Lego.[6] ¿Estamos dando la debida relevancia, en el área educativa, a este juego creativo que los niños ponen en práctica en sus construcciones con Lego?

Tomemos otro ejemplo sugestivo del campo de la informática y de la música. El *scratch* [literalmente, significa «rascar», «rayar»] es uno de los lenguajes de programación más fáciles. Se creó en el MIT y permite que los programas se interconecten como un juego de Lego. Pero, de hecho, sus orígenes se encuentran en los suburbios de Nueva York, frecuentados por la juventud vinculada al hiphop. Se cuenta que, haciendo una barbacoa, uno de ellos dejó caer una salchicha en el tocadiscos. Para salvar la salchicha o el disco, surgió ese ruido que define el *scratch*. Por eso, el *scratch* también se refiere a la improvisación musical, basada en el *sampling*, es decir, la mezcla de sonidos, por interconexión y oblicuidad. ¿Las estrategias educativas contemplan las inmensas potencialidades del *sampling*? ¿Saben hacer *scratch*? Hay una condición: mirar a los lados. Por ejemplo, a la salchicha que cayó sobre el tocadiscos. Después, uno debe tener intuición para conectar, con imaginación, lo que aparentemente parece desconectado. Karl Mannheim es autor de un trabajo, *Structures of Thinking* (1980), al que no se le ha dado

---

6. En España es conocida la historia de un joven, David Aguilar, que creó un brazo protésico con piezas de Lego, su juego favorito. Nació con una malformación en el brazo derecho, su mano estaba reducida a un pequeño muñón, y a los nueve años construyó su primera prótesis con piezas de Lego. Natural de Andorra, David estudia actualmente Bioingeniería en la Universidad Internacional de Cataluña y sigue perfeccionando nuevas versiones de brazos robóticos: https://www.youtube.com/watch?v=crvjxfkvBEE (consultado el 15 de enero de 2020).

la debida importancia y en el que estableció la distinción entre conocimiento conjuntivo y conocimiento comunicativo. El conocimiento conjuntivo, aunque sea acumulativo, tiende a encerrarse en sí mismo, en un determinado campo del saber. En cambio, el conocimiento comunicativo hace que dialoguen saberes de diferentes áreas. Pensando en estrategias educativas, ¿en cuál de estos dos tipos de conocimiento surgirá más fácilmente el *scratch*? Sin duda, en el conocimiento comunicativo, el que hace que dialogen saberes de diferentes campos.

Otro de los desafíos no resueltos de la educación contemporánea es poder conectar el mundo inteligible con el mundo sensible, cruzando las aprensiones cognitivas y las percepciones sensoriales y estéticas del mundo de la vida (Bajtín, 1999). Son estos tránsitos los que albergan la inteligencia emocional (Goleman, 1998; Bisquerra y Pérez-Escoda, 2012). Hace tiempo conocí *O livro das árvores* [El libro de los árboles], escrito e ilustrado por unos siete mil niños indígenas de noventa escuelas del pueblo ticuna, de la Amazonia (Gruber, 1997). El libro tenía como objetivo componer materiales didáctico-pedagógicos de apoyo para las clases de ciencia y educación ambiental. Los niños tenían que dibujar y escribir sobre la flora y la fauna de su región. El libro muestra claramente cómo la aprehensión científica del mundo botánico puede originarse con un enfoque sensitivo que insta a la memoria de los árboles. La conciencia ambiental —un valor educativo indiscutible— se alimenta de narrativas y representaciones gráficas en las que el conocimiento práctico dialoga con simbologías y lenguajes poéticos. Se aprende que los árboles son fuente de vida, de creencias, de mitos. Dan fruto, sombra, madera para hacer casas, canoas, flechas, máscaras, esculturas, semillas para collares y pulseras, varas para cestas y sombreros, cortezas para tés curativos, etcétera.

Al combinar las aprehensiones cognitivas con las predisposiciones socioafectivas, los niños y adolescentes ticunas aprenden a valorar y respetar la identidad individual de cada árbol (Wunder y Villela, 2017). En un escrito colectivo afirman: «Cada árbol es diferente de los demás. Y cada árbol tiene su importancia, su valor. Es esta variedad la que hace que la selva sea tan rica» (Gruber, 1997: 11). En la escuela, los niños también se parecen a pequeños árboles en crecimiento. Sin embargo, no todos son valorados en su diversidad. Debido a su condición social o étnica, algunos niños van a la escuela cargados con pesadas mochilas llenas de prejuicios. Es lo que confirma un joven indígena toba-qom, de una familia que emigró a Quilmes, Argentina:

> Yo primero no me quería reconocer indígena [...], no es por rechazo a mi pueblo sino por miedo a la discriminación [...], nosotros los pobres ya nacemos con una mochila que es la pobreza [...], pero después ser indígena es, para mí lo pensé, otra mochila; como que llevamos dos cargas, dos mochilas pesadas (Vommaro y Daza, 2017: 125).

Por lo tanto, otro desafío educativo es valorar la riqueza de las experiencias educativas que, en su diversidad, pueden ofrecer una respuesta a la heterogeneidad de la población escolar, a diferentes ritmos e intereses de aprendizaje. Los niños y adolescentes ticunas no desvalorizan las tradiciones ancestrales y espirituales. Cultivan formas sensitivas de la existencia humana que refuerzan su conciencia ambiental. Por esta razón, los pueblos indígenas tienen narrativas orales muy sabias sobre el mundo natural. Cuando las amenazas de la civilización ponen en peligro su bienestar social, los nativos evocan una ascendencia que se vivifica en selvas de símbolos y pronuncian discursos conmemorativos que acentúan las dimensiones sagradas de la naturaleza. En un universo poblado de símbolos, la búsqueda de raíces en el pasado es una metáfora ilustrativa del encuentro con los desencuentros del presente, de enfrentar los problemas derivados de aspiraciones bloqueadas. Recuperar y revitalizar formas de conocimiento mítico y trascendental es lo que intentan algunos jóvenes en el campo artístico y musical (Pais, 2004a). Identidades destrozadas pueden revivir juntando los añicos o fragmentos de subjetividades amenazadas, haciendo presentes los orígenes perdidos, olvidados, recordados o reinventados.

Por otro lado, en un momento en que las identidades juveniles se caracterizan por ser inciertas, fragmentadas y dispersas (Ehrenberg, 1995), las prácticas educativas abiertas a la contemplación son bienvenidas (Barbezat, 2014; Burack, 2014; Leria, 2017). Me refiero a contemplaciones sensitivas que incluyan la capacidad de mirar y cuestionar el mundo, sus bellezas estéticas o sus aberraciones sociales; pero también me refiero a la capacidad de escuchar desde el silencio. Las contemplaciones sensitivas liberan el pensamiento, permiten que uno vuelva a embelesarse con el mundo, promueven el apego subjetivo a las causas sociales. La contemplación no corresponde a un ensimismamiento, a cerrarse en sí mismo. Al contrario, la contemplación presupone abrirse al mundo, saber mirar con los ojos de los otros; presupone una ética inclusiva impulsada por una audacia transformadora de la vida personal y colectiva. Las nuevas configuraciones subjetivas entre los jóvenes requieren orientaciones pedagógicas que valoren su implicación en culturas expresivas. No estoy sugiriendo que se desvaloricen los conceptos de desempeño, competencia o rendimiento. Lo que propongo es que estos conceptos se revaloricen en función de su articulación con experiencias de naturaleza reflexiva. Experiencias que los jóvenes sientan que tienen sentido para su desarrollo personal y bienestar social. Experiencias que, al fin y al cabo, nos permitan ser lo que hacemos para cambiar quiénes somos y el mundo que nos rodea.

Pongo un ejemplo. No cuestiono el programa de enseñanza de cualquier idioma. Dominar la semántica, la sintaxis y la lexicología es obviamente pertinente. Los estudiantes podrán seguir estudiando los procesos fonéticos y fonológicos de la lengua, profundizando en conceptos como prótesis, paragoge o palatalización. Pero no es necesario devaluar el valor intrínseco y sensitivo de la palabra, no sólo en su dimensión poética, sino también en su extensión ética. En el guaraní, la palabra se toma como un tesoro de la vida, se reconoce su poder único y sagrado. Para los indios guaraníes de Paraguay, «la palabra es sagrada. La palabra mentida insulta lo que nombra, pero la palabra verdadera revela el alma de cada cosa. Creen los vencidos que el alma vive en las palabras que la dicen. Si te doy mi palabra, me doy. La lengua no es un basurero» (Galeano, 2004: 46). Esta dádiva, en la que cada uno se da en la palabra que da, presupone una predisposición a establecer puentes. No puentes que unen mundos separados y que permanecen separados, aunque el puente los una. Lo que se exige son puentes de mediación que transformen la educación en un arte compartido.

La educación desempeña un papel relevante en el desarrollo de esta cultura hecha de dádivas mutuas. Para este fin, tiene que afirmarse como un estudio de arquitectura de puentes. Desde luego, puentes que permitan una educación más inclusiva. Puentes que eviten que se margine a los jóvenes que llevan el estigma de incapaces o que sólo se ven como víctimas de la exclusión escolar y social, sin cuestionar los procesos sociales que originan estas exclusiones. En Portugal, el internamiento de menores en instituciones tutelares casi no se debe al hecho de que hayan cometido infracciones o tengan «conductas desviadas» (mendicidad, prostitución, vagabundeo o libertinaje). Según las estadísticas oficiales de la Justicia, la mayoría de los motivos que determinan la actuación de los tribunales sugieren una clara vulnerabilidad social de estos niños: maltrato, abandono, desamparo, negligencia.

Como constaté en un estudio sobre las llamadas «escuelas del diablo», escuelas frecuentadas por jóvenes provenientes de barrios degradados, la indisciplina y el fracaso escolar se asocian a menudo a los orígenes étnicos de los alumnos (Pais, 2008). Los niños que reciben el sobrenombre de violentos o burros tienen que añadir el odio al estigma a la carga de la marginalidad en la que viven. Llegan a una escuela que, democráticamente, les abre las puertas, pero sienten que la escuela no les pertenece. La profesora de una escuela primaria de las afueras de Lisboa me reveló que los niños gitanos prefieren el tejado de la escuela al aula. Allí buscan nidos de pájaros. ¿Qué hacer con niños que, violando las reglas de la escuela, buscan el placer del descubrimiento en el tejado de la escuela? ¿Dejarlos pasear por el tejado a sus anchas? ¿Someterlos a la humillación del palmetazo? ¿Expulsarlos del aula o incluso de la escuela? La directora de la escuela tuvo una idea. Propuso a los niños que dejaran de manosear los pajaritos. Algunos se morían de tanto zarandeo. Sería mejor que se encargaran de alimentarlos, para lo cual les proporcionó una jaula. Todos los días, los niños les llevaban a los pajaritos galletas desmenuzadas, porque se les había dado una responsabilidad: cuidarlos, una tarea a la que se dedicaron con entusiasmo y compromiso. Hasta que un día descubrieron que no tenía sentido mantener a los pajaritos encerrados en la jaula, como ellos mismos se sentían en el aula (Pais, 2008: 14-18). Abrir la puerta de la jaula fue un puente hacia la libertad de volar.

En su ensayo sobre el puente y la puerta, Simmel (1998: 29-34) muestra cómo el simbolismo de la puerta supera la mera separación entre el interior y el exterior. Cuando se expulsa a un niño del aula por mal comportamiento, la puerta que se cierra cuando se va provoca una separación que no sólo es territorial, sino sobre todo social. Es una puerta que genera inclusiones y exclusiones sociales, estigmas y estereotipos, sentimientos de humillación e indignación. Volver a abrir la puerta en la próxima clase no garantiza que el comportamiento indisciplinado no se repita. Al contrario, la reincidencia es probable, a menos que surjan puentes afectivos que unan lo que está separado. A menudo se olvida que el comportamiento indisciplinado de algunos niños corresponde a una estrategia para huir de la humillación que para ellos representa el fracaso escolar. Por eso, adoptan una actitud hostil hacia la escuela, prefiriendo el estatus de rebeldes al de fracasados.

Los puentes ayudan a superar los estigmas que crean las puertas que, al cerrarse, promueven la exclusión. La vivencia escolar forzada de algunos jóvenes tiene que dar paso a una vivencia de responsabilidad participativa o de participación responsable, actos comprometidos que apelan intersubjetivamente a la inclusión. Lo que está en entredicho es una intersubjetividad empática entre profesores y alumnos que, en los procesos de aprendizaje, construya puentes entre el margen del desarrollo cognitivo y el margen de los afectos (Gibbs, 2010). En este campo, también se necesitan puentes para liberar a los otros que existen en nosotros, sujetos interventores que luchen con los sujetos sometidos o acomodados que a veces somos y que transforman la escuela en un espacio de rutinas e inercias. La intersubjetividad implica la capacidad de cada uno de proyectarse en el otro y viceversa. Hace mucho tiempo, una comitiva de un conocido club de fútbol portugués, el Benfica, regaló a los niños pobres de la isla de Santiago, en Cabo Verde, varias botas de fútbol. ¡Qué alegría y euforia para los niños que solían jugar descalzos...! Pero cuando comenzaron a jugar, sólo llevaban la bota en un pie, el otro seguía descalzo. Alguien les preguntó: «¿Por qué jugáis con un pie descalzo?». Uno de los niños respondió: «¡Pero si no jugamos con un pie descalzo, jugamos con un pie calzado!». No había botas para todos, por eso decidieron repartirlas. ¡Qué hermosa lección! El pie aparentemente descalzo no estaba en absoluto descalzo, era un pie calzado de solidaridad. También es deber de la escuela construir puentes hacia un mundo más solidario.

Se deben construir y cruzar muchos otros puentes para enfrentar los desafíos educativos. Puentes entre el conocimiento utilitario y el conocimiento resultante del puro deseo de aprender. Puentes entre lo dado y lo creado, entre lo transmitido y lo construido. Un conocimiento que se guía por la fijeza, que es inflexible, cierra la puerta a la creación de nuevos conocimientos. La creatividad pasa por realizar un ejercicio exotópico: saber cómo salir de los paradigmas del conocimiento que ya no pueden ofrecer una respuesta a lo que uno quiere saber. El modelo tradicional de enseñanza basado en la mera resolución de problemas estandarizados ya no responde a los desafíos de una sociedad cuyos cambios acelerados exigen respuestas rápidas a nuevos problemas. Por lo tanto, las prácticas pedagógicas y las reformas curriculares deben guiarse por el aprendizaje basado en la indagación y no en respuestas prefijadas (Aramendi, Arburua y Buján, 2018). Al proponer enfoques exotópicos a la realidad escolar, simplemente quiero sugerir que los desafíos educacionales y los rumbos sociales no deben pensarse de forma desconectada, principalmente cuando el futuro de los jóvenes se teje de imprevisibilidad.

Los desafíos educacionales que las tecnologías digitales plantean a las comunidades escolares son inmensos. La escuela de hoy no es la misma que la de hace unas décadas, entre otras razones porque los jóvenes que acuden a ella tienen habilidades que han adquirido fuera de ella. Varios estudios muestran que la exposición de los jóvenes a las tecnologías de la información y comunicación ocurre predominantemente en contextos extraescolares. Los jóvenes latinoamericanos no escapan a esta tendencia (Pais y Pereira, 2016). Es decir, la escuela ha perdido su centralidad como institución de acceso al conocimiento y la cultura y, a menudo, se produce un desencuentro entre las pedagogías tradicionales y los aprendizajes ciberculturales. Los usos digitales están tan arraigados en el universo juvenil que podemos hablar de una brecha generacional de naturaleza digital. En el entorno escolar, surgen abismos de comunicación entre los llamados nativos digitales y algunos maestros que tienen dificultad para seguir e incorporar en sus modelos pedagógicos los avances que proporcionan las tecnologías digitales. En un estudio sobre la circulación de apodos en las escuelas secundarias, constaté que algunos de los apodos dados a los maestros señalaban brechas generacionales significativas. Por ejemplo, a un maestro lo apodaron *máquina de escribir* porque seguía mecanografiando los exámenes. Otro era *powerless* [impotente], porque no sabía utilizar PowerPoint. Otro era el *antivirus*, porque siempre se quejaba de los problemas que tenía con el ordenador (Pais, 2018).

En la escuela, incluso cuando las tecnologías de la información y la comunicación se utilizan como herramientas pedagógicas, están subordinadas a una lógica de aprendizaje vertical que sigue una secuencia lineal, en la que los maestros tienden a impartir las asignaturas para que los estudiantes obtengan sus notas (Martín-Barbero, 2000: 52). Entonces se generan dificultades de comunicación, propias de la supervivencia de una «pedagogía del aburrido» (Corea y Lewkowicz, 2004). Por otro lado, la comunicación fuera de la escuela es de naturaleza espectral: se accede a la información de forma rizomática, como si fueran hipertextos, en un ambiente difuso donde predomina la dispersión. Nos encontramos ante una brecha generacional digital: por un lado, están los jóvenes, cada vez más hiperconectados debido a su gran empatía cognitiva y expresiva con las tecnologías de la comunicación; por el otro, están los docentes, que siguen atrapados en programas escolares que se imparten de manera tradicional. Creo que el desafío es saber aprovechar las oportunidades de la cultura digital por la que los jóvenes navegan con tanto entusiasmo, sin que esto signifique que «navegar es preciso» (Fernando Pessoa) sin saber adónde.

De hecho, han surgido modelos de capacitación que prometen un cambio de paradigma, tanto en las metodologías de enseñanza como en su expansión, al anunciar una mayor democratización del acceso al conocimiento a través de las tecnologías de la comunicación. Éste es el caso de los MOOC (cursos en línea masivos y abiertos), que están ganando más peso en la capacitación de nivel universitario. Originalmente, la idea surgió en la Universidad de Manitoba, en Canadá, en 2008, en un curso abierto denominado Connectivism and Connective Knowledge. El objetivo era constituir redes y comunidades de aprendizaje a partir de las tecnologías de la comunicación, en un trabajo cooperativo basado en redes y conexiones, potencialmente propicio para el conocimiento crítico, interactivo y reflexivo. Sin embargo, muchas de estas experiencias han derivado en la búsqueda de ganancias fáciles, sin generar grandes cambios en las pedagogías tradicionales basadas en clases magistrales y un conocimiento estandarizado, insensible a la heterogeneidad de la población estudiantil. Los títulos de estos cursos masivos tienen poco valor en el mercado laboral, al igual que los títulos de algunas universidades privadas que han surgido en América Latina como setas, ansiosas por obtener ganancias fáciles. Éstas son las denominadas universidades «garaje» o «comedor». Aparentemente, en Europa han surgido experiencias más prometedoras, como el proyecto ECO (*E-learning, Communication, Open-Data*).

En cualquier caso, las tecnologías digitales no sólo son un instrumento de apoyo pedagógico, sino que fomentan las conexiones entre diferentes culturas, proporcionando nuevas culturas de trabajo. En Europa, un ejemplo interesante de inclusión digital es el proyecto MolenGeek,[7] con sede en el municipio de Molenbeek, Bélgica. El municipio, que cuenta con unos 100.000 habitantes, es famoso por su multiculturalidad. Casi la mitad de su población

---

7. https://molengeek.com/ (consultado el 12 de octubre de 2017).

es musulmana, proveniente principalmente de Marruecos y otros países del norte de África. Molenbeek se ha ganado el estigma de «ciudad terrorista» porque algunos de los jóvenes involucrados en los ataques terroristas de París y Bruselas eran de allí. Un tercio de la población tiene menos de 25 años y la tasa de desempleo juvenil es del 45%. Un viejo patriarca marroquí confiesa:

> Siempre parece igual. Los niños no tienen dinero en sus bolsillos, y ven a alguien mayor que tiene dinero porque roba o vende drogas, y se meten en eso. Los más inteligentes han logrado evitarlo y estudiar, pero hasta para ellos es difícil. Tienen un título, pero no tienen trabajo y pocas posibilidades de encontrar uno porque la dirección de su domicilio es una línea poco elogiosa en su currículum. En este contexto, desafortunadamente, no me sorprende ver que algunos chicos se vayan y mueran en Siria.[8]

Fundado en 2015, el proyecto MolenGeek funciona como una incubadora de empresas de economía social que tiene el objetivo de promover la inclusión social de los jóvenes. Con este fin, se abrió un centro de capacitación en tecnología digital para todos los jóvenes. Actualmente, la plataforma ya cuenta con la colaboración de Google y Samsung, que desarrollan proyectos en colaboración con la Unión Europea. Uno de los cofundadores del proyecto afirma:

> Me basé en mi propia experiencia [...]. Dejé los estudios a los 13 años y a los 20 años descubrí por casualidad la informática. El mundo de la tecnología me ha dado muchísimas oportunidades. He montado cuatro empresas en las que trabajan veinte personas. Eso es lo que quie-

---

8. Reportaje de Louis Dabir y Barthélémy Gaillard en Vice Sports, 12 de junio de 2017: https://sports.vice.com/es_mx/article/kbmv8a/a-molenbeek- le-foot-est-une-lueur-despoir (consultado el 7 de septiembre de 2017).

ro compartir con los demás, para que vean que es realmente accesible a cualquiera.[9]

El creciente individualismo contemporáneo no impide el resurgimiento, particularmente entre los jóvenes, de formas colectivas de participación social que permiten la afirmación de las subjetividades sociocéntricas. Podemos dar el ejemplo del tradicional *mutirão* brasileño. El *mutirão* es una actividad colectiva y solidaria en la que todos colaboran de forma gratuita para llevar a cabo un proyecto social y comunitario. En el pasado, el *mutirão* se utilizaba en trabajos agrícolas recíprocos y colectivos, que implicaban sentimientos de cohesión y fortalecimiento de los lazos comunitarios. Estas formas de colaboración disminuyeron al chocar con nuevas racionalidades económicas basadas en el individualismo. Sin embargo, el contexto de la crisis y la conciencia de las desigualdades e injusticias sociales existentes propiciaron el resurgimiento de estas acciones colectivas, que ahora ya no se centran sólo en una base exclusivamente economicista o de supervivencia económica. Hoy los *mutirões* se han convertido en movilizaciones de naturaleza política que tienen el objetivo de resolver problemas o reivindicaciones sociales. Los jóvenes tienen una participación significativa en estas acciones colectivas. En Brasil, hay acciones colectivas guiadas por causas ambientales, como los *mutirões* agroforestales para plantar árboles y cuidar las selvas; los *mutirões* para limpiar la basura de la vía pública o los *mutirões* para reciclar los residuos electrónicos. También descubrí *mutirões* para ocupar tierras; para pavimentar calles; para hacer intervenciones quirúrgicas; para garantizar y promover los derechos de los presos; para recaudar dinero y do-

---

9. Entrevista a Faruk Can, de *Euronews*: http://es.euronews.com/2017/06/30/molengeek-una-incubadora-de-ideas-en-molenbeek (consultado el 11 de noviembre de 2017).

narlo a las víctimas de la lluvia; para investigar el gasto excesivo e ilegal de los diputados; para rectificar los nombres de transexuales y travestis; para bañar animales y cuidar de animales domésticos abandonados (perros y gatos).[10]

Las subjetividades sociocéntricas se mueven en estos colectivos sociales, buscando soluciones colectivas para los problemas de la vida cotidiana, explorando nuevos espacios de autorrealización, basados en compromisos éticos y sociales. Como bien destacó Guattari (1996: 34), «nuestra supervivencia en este planeta está amenazada no sólo por las degradaciones ambientales, sino también por la degeneración del tejido de solidaridades sociales y de los modos de vida psíquicos que conviene, literalmente, reinventar». Una de las características más llamativas de las nuevas configuraciones subjetivas es que los jóvenes de hoy forman parte de una generación más desterritorializada: viajan mucho más, a menudo salen los fines de semana, están muy familiarizados con las nuevas tecnologías de la comunicación, se mueven en una constelación más amplia de redes sociales. La participación en estas redes sociales, que genera múltiples intercambios e interdependencias, ha tenido un impacto creciente en la producción de subjetividades que se benefician de un universo más amplio de experiencias. Los jóvenes de hoy se distinguen por su cosmopolitismo, se involucran en formas transnacionales de participación social y política, a menudo mediadas por las nuevas tecnologías de la comunicación (Beck, 2006; Cohen y Vertovec, 2008).

Las subjetividades cosmopolitas resultan de procesos de socialización en los que las singularidades individuales se afirman cada vez más a medida que se inscriben en círculos más amplios de so-

---

10. http://g1.globo.com/sao-paulo/sorocaba-jundiai/noticia/2012/01/mutirao-de-banho-e-tosa-beneficia-200-caes-em-abrigo-de-sorocaba-sp.html (consultado el 6 de febrero de 2020).

cialización. Esta correlación la evidenció Simmel (1977: 425-478 y 741-808) en su teoría de los círculos sociales. En general, la individualidad de ser y hacer crece a medida que los círculos sociales en los que uno participa se amplían. Cuanto más participa un joven en círculos sociales amplios, más posibilidades hay de que se afirmen subjetividades enriquecidas por experiencias interactivas en diferentes mundos sociales. La vida en círculos amplios de acción recíproca produce una conciencia clara de uno mismo, de un ser cosmopolita (Aboulafia, 2001; Gérôme, 2012).

Estas nuevas configuraciones subjetivas, de naturaleza sociocéntrica, están comprometidas con una «refundación de lo político» que, según Guattari (1996: 34), debe pasar por la valorización de las ecologías del ambiente, el *socius* y la psique. En las subjetividades sociocéntricas de orientación cosmopolita, no podemos desvalorizar las nuevas tecnologías de la comunicación. Aunque exista un cosmopolitismo *banal*, caracterizado por una producción masiva de subjetividades embrutecidas por los medios de comunicación de masas, las nuevas tecnologías de la comunicación brindan oportunidades para participar de forma creativa y emancipadora a escala global (Rapport, 2012 y Tarrius, 2000). Los jóvenes de hoy se caracterizan por su adhesión a un cosmopolitismo empático, caracterizado por la participación social transnacional en entornos creativos y colaborativos.

Las estrategias colaborativas, típicas de la llamada cultura *maker*, se están expandiendo entre los jóvenes de todo el mundo (Torán, 2016; García Sáez, 2016). Lo que caracteriza a esta cultura es una ética de experimentación que promueve experiencias en las que la creatividad se deposita sobre una base comunicativa de ideas, saberes y talentos. Los procesos creativos tienen lugar en espacios abiertos y colaborativos, donde se intercambian experiencias y conocimientos: *hackerspaces*, *fablabs* (*fabrication laboratories*) y *makerspaces*. Al consultar el manifiesto del movimiento *maker*, constatamos que toda su filosofía gira en torno a una idea clave: hacer (Hatch, 2013). El ser se centra en hacer, un ser que, cuanto más da a los demás, más se descubre. Por lo tanto, hacer sólo tiene sentido cuando se hace en conjunto. Basado en los procesos creativos artesanales y la llamada cultura del bricolaje (hágalo usted mismo), los jóvenes *maker* buscan la innovación en diferentes sectores productivos y artísticos: desde la moda hasta las artes, pasando por innovaciones tecnológicas y nuevas aplicaciones informáticas. Estas nuevas culturas de trabajo también se guían por la valorización del bienestar social. Así, muchos de sus proyectos se caracterizan por su preocupación por el medio ambiente y la sostenibilidad social.

En la medida en que el lema de la cultura *maker* es aprender haciendo, en un contexto de aprendizaje motivado por el deseo de experimentar, tiene mucho sentido reconsiderar su aplicación en contextos escolares, aunque la formalidad que prevalece en las escuelas puede que no sea adecuada para aprendizajes que utilicen estrategias que se basan en el conocimiento informal y compartido. ¿Es el camino que hay que seguir? Probablemente es uno entre muchos otros. Sin embargo, preparar a los jóvenes para futuros indeterminados no es suficiente. Deben crearse condiciones para que los jóvenes y los no tan jóvenes puedan, juntos, construir futuros nuevos y mejores. Sin olvidar el pasado y lo que podemos aprender de él. Mirar el futuro sin las lentes del pasado es una miopía que puede conducir a la ceguera. Lo que quiero decir es que las humanidades —y, entre ellas, la historia— no pueden subestimarse en los currículos escolares. Los daños que la colonización infligió a los pueblos esclavizados y oprimidos nos imponen ser conscientes de esta explotación. Pero librarse del pasado requiere aprender de la historia, hacer una lectura crítica y reescribirla.

Estudiar el pasado es imprescindible, no para repetirlo, sino, en algunos casos, para deshacernos de él, permitiendo que generaciones futuras se liberen de sus amarras. La sociedad no puede volverse culturalmente amnésica, los jóvenes no pueden perder su conciencia histórica (Pais, 1999). Jorge Luis Borges decía que la memoria es el nombre que damos a las grietas del olvido obstinado. Seamos obstinados, pues, y valoremos estas grietas del olvido porque, como defendía Heidegger en *El ser y el tiempo*, sin memoria no hay esperanza y, sin esperanza, el presente pierde sentido. No se trata sólo de tomar el pasado como un tiempo de amparo para las identidades desgarradas por las relaciones de explotación, como las del colonialismo. Hoy, ya no se busca sólo lo mítico y lo simbólico del pasado, memorias oprimidas y olvidadas cuya recuperación y reinvención ayudarían a revitalizar las identidades afectadas. Hoy el pasado ya no se encuentra en un baúl de herencias inmutables. Hoy el pasado se convierte en un presente de aprendizajes para reinventar el futuro, al reavivarse la libertad que emerge del desorden.

Hemos visto que en un contexto en el que los tiempos de crisis se ven afectados por la crisis del tiempo, los jóvenes experimentan una tensión entre los espacios de *experiencia* y los horizontes de expectativa, y adoptan estrategias que buscan ampliar el espacio de la experiencia. Sin embargo, las respuestas de los jóvenes son diferentes. Para los que se refugian en el presente con miedo del futuro, el desajuste entre los espacios de experiencia y los horizontes de expectativa se asocia con sentimientos de ansiedad y frustración. Es lo que les pasa a muchos jóvenes desempleados o que tienen dificultades para entrar en el mercado laboral: los acosan sentimientos de desilusión y son incapaces de imaginar un futuro con esperanza, especialmente cuando se desliza de la espera a la desesperación. Por otro lado, hay jóvenes que consiguen explorar las brechas de la creatividad, incluso cuando la crisis es el escenario de futuros indeterminados. Es el caso de los jóvenes *trendsetters*. Para ellos, la *presentificación* es un momento de conquista y su arma es un *ethos* de creatividad. El capital escolar y cultural de estos jóvenes aumenta la probabilidad de que trasciendan los límites del presente, de que vayan más allá de los límites de lo conocido, lo familiar. Lo mismo les sucede a los jóvenes que utilizan más ágilmente las nuevas tecnologías de la información y la comunicación.

Cuanto más amplio es el campo de la experiencia, más se redimensiona el horizonte de expectativas (Lepetit, 1995). En escenarios de crisis, el horizonte de expectativas se amplía, dado que son indeterminadas. Sin embargo, precisamente en esta indeterminación es donde se generan expectativas que se adaptan a las circunstancias cambiantes, creando espacio incluso para futuros utópicos. Entre algunos jóvenes, los proyectos utópicos constituyen una salida radical del espacio de la experiencia, dando paso a la reinvención de otro tiempo (Lallement y Ramos, 2010), como sucede con los *lazy beggars*, que viven pero no parecen vivir en este mundo, o con jóvenes movidos por subjetividades sociocéntricas, cuyos proyectos de solidaridad social y sensibles a causas sociales apuntan a horizontes de futuro alternativos. El futuro que se espera así construye el presente, transforma el presente en un espacio transitorio donde se reflejan las proyecciones cambiantes del futuro.

Las políticas sociales, y más específicamente las políticas de empleo, no han podido hacer frente a escenarios de crisis porque buscan restaurar un orden social que, en sí mismo, genera crisis. Las políticas de empleo o están dirigidas a regular el mercado laboral, promoviendo, por ejemplo, una mayor flexibilidad contractual, o están orientadas a ofrecer una formación compensatoria cuyos efectos reales no se han evaluado todavía debidamente. Faltan políticas creativas que consideren que los jóvenes son agentes de innovación y cambio social, políticas que no se limiten a sujetarse a las persistencias nefastas del mercado laboral, sino que actúen al margen para que puedan acabar influenciándolo. Me refiero a políticas económicas y culturales que, vinculadas a la ciencia y la tecnología, se guíen por desafíos de creatividad que, si tienen éxito, puedan impulsar nuevos rumbos sociales y nuevos horizontes profesionales. Es en este campo donde se mueven muchos jóvenes, como los jóvenes *trendsetters*.

Al debatir sobre nuevas culturas y trabajos, no podemos dejar de cuestionar el surgimiento de un nuevo *ethos creativo* entre los jóvenes de hoy (Florida, 2002), antiguamente asociado al mundo del arte pero que ahora está presente en amplios segmentos juveniles (Almeida y Pais, 2012; Canclini y Urteaga, 2012). Estos jóvenes «creativos» trabajan en el campo de las artes, los libros, la música y las tecnologías digitales, explorando redes de cooperación que prevalecen en las llamadas industrias culturales. Standing (2013) nos ofrece el ejemplo de los *profitécnicos*, es decir, jóvenes que, combinando habilidades profesionales y técnicas, actúan preferentemente como trabajadores liberales, haciendo valer su pericia. Son cazadores de oportunidades, que multiplican las experiencias laborales sin acomodarse a un trabajo estable. Para algunos de ellos, la movilidad profesional es una elección biográfica que no se limita al ámbito profesional. La movilidad se ve más bien como una forma de vida, especialmente si no se tienen responsabilidades familiares.

A pesar de las vicisitudes derivadas de la crisis que afecta a tantos jóvenes en todo el mundo, existen claras evidencias de movilización social de importantes sectores juveniles para construir nuevos rumbos sociales. La cuestión que se deja en abierto es la de saber si los jóvenes de hoy forman parte de una generación efectiva, en el sentido en que la definió Mannheim (1990), es decir, una generación de cambio y no sólo nominal (o potencial). Este cambio, de naturaleza social y generacional, aparece impulsado por nuevas oportunidades de acceso a la cultura por parte de los jóvenes. Eso es precisamente lo que se ve en el mundo de hoy. A pesar de que los niveles de escolarización están todavía muy por debajo de lo deseado, particularmente en algunos países de Latinoamérica, las estadísticas de educación de la Organización para la Cooperación y el Desarrollo Económicos muestran claramente una brecha generacional en las cualificaciones académicas de las distintas generaciones.

Las *generaciones potenciales*, basadas en los ritmos biológicos de la existencia, sólo en circunstancias históricas especiales se convierten en *generaciones efectivas* capaces de actuar como fuerzas transformadoras de la sociedad. La aceleración de las transformaciones tecnológicas que estamos experimentando actualmente es un factor relevante en la transformación de una *generación potencial* en una *generación efectiva*. Los jóvenes, especialmente los que tienen estudios universitarios, están a la vanguardia de estas transformaciones. Por otro lado, nunca antes los jóvenes habían tenido un acceso tan grande a la cultura. Incluso los jóvenes más desfavorecidos se movilizan para proyectos que hacen un llamamiento deliberado a las artes como proceso de integración.

¿Estaremos en el camino de una nueva *generación efectiva*? Para Mannheim, hay un factor que es decisivo para que una generación potencial se transforme en una generación efectiva: la «participación en el destino común» de una unidad histórica y social (Foracchi, 1982: 85-86). Para este fin, no basta que los jóvenes compartan la misma «situación de generación». En esta situación, correrían el riesgo de ser engullidos por el torbellino de la crisis. En cualquier caso, como resultado de una aceleración del ritmo de los cambios sociales, culturales y tecnológicos, se crean las condiciones para que surja lo que Mannheim denomina una nueva *entelequia de generación* (Foracchi, 1982: 92), tomando el concepto de entelequia en el sentido aristotélico del término, es decir, como un estado de ser en acto, no sólo en potencia, una distinción típica de Leibniz. ¿Estamos ante una generación en potencia capaz de convertirse en una entelequia de generación, en una generación efectiva? Diría que si el *ethos* creativo y las nuevas culturas laborales que emergen en algunos sectores juveniles se asientan socialmente; si los valores de solidaridad y cooperación que guían la ética vital de algunos jóvenes se amplían; y si las subjetividades sociocéntricas y cosmopolitas adquieren una centralidad social..., entonces es probable que los jóvenes de hoy puedan convertirse en parte de una generación efectiva al impulsar diferentes futuros posibles. Como también es probable que las crisis endémicas en las que vivimos puedan mitigarse si se toman como una oportunidad para la reinvención social. Pero eso ya son posibilidades cuya concretización depende de la satisfacción de muchos «sis»...

Referencias

Aboulafia, M. (ed.) (2001), *The Cosmopolitan Self: George Herbert Mead and Continental Philosophy*, University of Illinois Press, Urbana y Chicago.
Almeida, M. I. M. y Pais, J. M. (2012), *Criatividade, Juventude e Novos Horizontes Profissionais*, Zahar, Río de Janeiro.
— y Tracy, K. M. de A. (2003), *Noites Nómadas: Espaço e Subjetividade nas Culturas Jovens Contemporâneas*, Rocco, Río de Janeiro.
Andelman, B. (2005), *Will Eisner. A Spirited Life*, M. Press, Milwaukie.
Ankri, J. (2007), «Mortalité après l'hospitalisation d'un époux», en *Gérontologie et Société*, 12, pp. 279-282.
Appadurai, A. (ed.) (1986), *The Social Life of Things: Commodities in Cultural Perspective*, Cambridge University Press, Cambridge.
Aramendi, P. J., Arburua, R. M. y Buján, K. (2018), «El aprendizaje basado en la indagación en la enseñanza secundaria», en *Revista de Investigación Educativa*, vol. 36, n.º 1, pp. 109-124. Recuperado de: http://dx.doi.org/10.6018/rie.36.1.278991.
Atkinson, W. (2010), *Class, Individualization and Late Modernity: in Search of the Reflexive Worker*, Palgrave Macmillan, Basingstoke.
Bajtín, M. M. (1999), *Estética de la creación verbal*, 10.ª ed. (trad. cast. Tatiana Bubnova), Siglo XXI, México D.F.
— (1981), *The Dialogic Imagination: Tour Essays*, University of Texas Press, Austin.
Banaji, S. y Buckingham, D. (2013), *The civic web. Young people, the Internet and civic participation*, The MIT Press, Cambridge, Massachusetts.

Barbezat, D. y Bush, M. (2014), *Contemplative practices in higher education*, Jossey Bass, San Francisco.
Barbieri, D. (1998), *Los lenguajes del cómic*, Paidós, Barcelona.
Bárcena, A., Prado, A. y Hopenhayn, M. (2010), *La hora de la igualdad: brechas por cerrar, caminos por abrir*, CEPAL/ONU, Santiago de Chile.
Barros, M. de (2016), *Juventude e Transformações Sociais na Guiné-Bissau*, INEP-Edições Corubal, Bissau.
Barthes, R. (2003), *Cómo vivir juntos. Notas de cursos y seminarios en el Collège de France, 1976-1977* (trad. cast. Patricia Willson), Siglo XXI, Buenos Aires.
Bauman, Z. (2013), *Sobre la educación en un mundo líquido: conversaciones con Ricardo Mazzeo*, Paidós, Barcelona.
— (2003), *Modernidad líquida*, Fondo de Cultura Económica de España, Madrid.
Beck, U. (2006), *Cosmopolitan Vision*, Polity Press, Cambridge.
— (1995), «A reinvenção da política: rumo a uma teoria da modernização reflexiva», en Beck, U. et al., *Modernização reflexiva. Política, tradição e estética na ordem social moderna*, Editora UNESP, São Paulo.
—, Giddens, A. y Lash, S. (1994), *Reflexive Modernization. Politics, Tradition and Aesthetics in the Modern Social Order*, Polity Press, Cambridge.
— y Beck-Gernsheim, E. (2002), *Individualization. Institutionalized Individualism and its Social and Political Consequences*, Sage, Oxford.
Becker, H (1994), «'Foi por acaso': conceptualizing coincidence», en *The Sociological Quarterly*, vol. 35, n.º 2, pp. 183-194.
Beiner, R. (ed.) (1995), *Theorizing Citizenship*, Suny Press, Nueva York.
Benhabib, S. (ed.) (1996), *Democracy and Difference: Contesting the Boundaries of the Political*, Princeton University Press, Princeton.
Bergson, H. (1985 [1907]), *La evolución creadora*, Espasa-Calpe, Madrid.
Beriain, J. y Sánchez, I. (eds.) (2010), *Sagrado/Profano. Nuevos desafíos al proyecto de la modernidad*, Centro de Investigaciones Sociológicas, Madrid.

Bisquerra, R. y Pérez-Escoda, N. (2012), «Educación emocional: estrategias para su puesta en práctica», en *Avances en Supervisión Educativa*, 16, pp. 1-11.

Bizzini, L. y Rapin, C. L. (2007), «L'âgisme. Une forme de discrimination qui porte préjudice aux personnes âgées et prépare le terrain de la négligence et de la violence», en *Gérontologie et Société*, n.º 123, pp. 263-278.

Blackman, S. y France, A. (2001), «Youth marginality under 'postmodernism'», en Stevenson, N. (ed.), *Culture & Citizenship*, pp. 180-197, Sage, Londres.

Blaga, L. (1989), *Eloge du Village Roumain*, Librairie du Savoir, París.

Bloch, E. (1993), *La utopía como dimensión y horizonte de su pensamiento*, Anthropos, Barcelona.

— (1977), *El principio esperanza*, Aguilar, Madrid.

Blumer, H. (1951), «Collective Behavior», en Lee, A. M., *New Outline of the Principles of Sociology*, Barnes & Noble, Nueva York.

Boléo, J. P. P. y Pinheiro, C. B. (eds.) (2000), *Banda Desenhada Portuguesa. Anos 40-80*, Fundação Calouste Gulbenkian/Centro de Arte Moderna, Lisboa.

Bourdieu, P. (1999), *Contrafuegos: reflexiones para servir a la resistencia contra la invasión neoliberal*, Anagrama, Barcelona.

Bradus, N. (1993), «La société roumaine. A la recherche de la normalité», en *Cahiers Internationaux de Sociologie*, vol. XCV, pp. 403-415.

Brannen, J. y Nilsen, A (2002), «*Young People's* Time Perspectives: From Youth to Adulthood», en *Sociology*, vol. 36, n.º 3, pp. 513-537.

Brüseke, F. J. (2007), «Risco e contingência», en *Revista Brasileira de Ciências Sociais*, vol. 22, n.º 63, pp. 69-80. Recuperado de: http://www.redalyc.org/pdf/107/10706306.pdf.

Buchmann, M. (1989), *The Script of Life in Modern Society. Entry into Adulthood in a Changing World*, University of Chicago Press, Chicago.

Bulmer, M. y Rees, A. M. (eds.) (1996), *Citizenship Today: The Contemporary Relevance of T. H. Marshall*, UCL Press, Londres.

Burack, C. (2014), «Responding to the challenges of a contemplative curriculum», en *The Journal of Contemplative Inquiry*, vol. 1, n.º 1, pp. 35-53.

Burke, P. (2009), *O historiador como colunista: ensaios para a Folha*, Civilização Brasileira, Río de Janeiro.

— y Porter, R. (eds.) (1996), *Línguas e jargões: contribuição para uma história social da linguagem*, Unesp, São Paulo.

Burrage, M. y Torstendahl, R. (eds.) (1990), *Professions in Theory and History: Rethinking the Study of the Professions*, Sage, Londres.

Caes, R. E. (2000), *Creative Industries. Contracts Between Art and Commerce*, Harvard University Press, Cambridge, Massachusetts.

Calhoun, C. J. (1994), *Social Theory and the Politics of Identity*, Blackwell, Oxford.

Calvo, G. (2009), *Crisis crónica*, Alianza Editorial, Madrid.

Canclini, N. G. (1995), *Consumidores y ciudadanos. Conflictos multiculturales de la globalización*, Grijalbo, México D.F.

— y Urteaga, Maritza (coords.) (2012), *Cultura y desarrollo. Una visión crítica desde los jóvenes*, Paidós, Buenos Aires.

Carrier, D. (2000), *The Aesthetics of Comics*, The Pennsylvania State University Press, Pennsylvania.

Castells, M. (2012), *Networks of Outrage and Hope. Social Movements in the Internet Age*, Polity Press, Cambridge.

— (2000), *The Rise of the Network Society*, Blackwell, Oxford.

— (1998), *El poder de la identidad*, Alianza, Madrid.

— (1997), *La era de la información. Economía, sociedad y cultura*, vol. 1 (La sociedad red), Alianza, Madrid.

— et al. (2006), *Comunicación móvil y sociedad. Una perspectiva global*, Ariel, Barcelona.

— y Cardoso, G. (eds.) (2013), *Piracy Cultures: how a growing portion of the global population is building media relationships through alternate channels of obtaining contente*, USC Annenberg Press, Los Ángeles.

Castro, L. R. (ed.) (2001), *Subjetividade e cidadania*, Editora Lidador, Río de Janeiro.

Cavalli, S. y Lalive d'Epinay, C. (2008), «L'identification et l'évaluation des changements au cours de la vie adulte», en *Swiss Journal os Sociology*, vol. 34, n.º 3, pp. 453-472.

Caves, R. E. (2000), *Creative Industries. Contracts Between Art and Commerce*, Harvard University Press, Cambridge, Massachusetts.

Chartier, R. (1987), «Figures littéraires et expériences sociales: la littérature de la gueuserie dans la Bibliothèque bleue», en *Lectures et Lecteurs dans la France de l'Ancien Régime*, pp. 271-351, Éditions du Seuil, París.

Chesneaux, J. (1996), *Habiter le temps. Passé, présent, futur: esquisse d'un dialogue politique*, Éditions Bayard, París.

Cohen, J. L. (1985), «Strategy or Identity: New Theoretical Paradigms and Contemporary Social Movements», en *Social Research*, vol. 52, n.º 4, pp. 663-716.

Cohen, R. y Vertovec, S. (eds.) (2008), *Conceiving Cosmopolitanism: Theory, Context and Practice*, Oxford University Press, Oxford.

Colombo, F. (1991 [1986]), *Os arquivos imperfeitos*, Editora Perspectiva, São Paulo.

Connor, S. (1991), *Postmodernist Culture*, Blackwell, Oxford.

Corea, C. y Lewkowicz, I. (2004), *Pedagogía del aburrido: Escuelas destituidas, familias perplejas*, Paidós, Buenos Aires.

Couperie, P. (1972), *Le Noir et Blanc dans la Bande Dessinée*, SERG, París.

Craith, M. N. (2004), «Culture and citizenship in Europe: questions for Anthropologists», en *Social Anthropology*, vol. 12, n.º 3, pp. 289-300.

Cuisenier, J. (1995), «Roumania: la Roumania et le domaine culturel roumain», en *Ethnologie Française*, XXV, pp. 244-252.

— (1989), «A l'ombre des Carpates», en *Ethnologie Française*, pp. 244-252.

Dayrell, J. y Carrano, P. C. (2002), «Jóvenes en Brasil: Dificultades de finales del siglo y promesas de un mundo diferente», en *Jóvenes: Revista de Estudios sobre Juventud*, vol. 6, n.º 17, julio-diciembre, pp. 160-203, México.

Déchaux, J.-H. (2002), «Mourir à l'Aube du XXI Siècle», en *Gérontologie et Société*, n.º 102, pp. 253-268.
— (2001), «La mort dans les sociétés modernes: La thèse de Norbert Elias à l'épreuve», en *L'Année Sociologique*, vol. 51, n.º 1, pp. 161-184.
Degenne, A. y Forsé, M. (1994), *Les Réseaux Sociaux*, Armand Colin, París.
Deleuze, G. y Guattari, F. (1994 [1980]), *Mil mesetas: capitalismo y esquizofrenia* (trad. cast. José Vázquez Pérez y Umbelina Larraceleta), Pretextos, Valencia.
Delgado, M (1999), *El animal público*, Anagrama, Barcelona.
Desroche, H. (1976 [1973]), *Sociología de la esperanza*, Herder, Barcelona.
Deus, A. D. (1997), *Os comics em Portugal. Uma história da banda desenhada*, Livros Cotovia, Lisboa.
Deuze, M. (2007), *Media Work*, Polity Press, Cambridge.
Dorfman, A. y Mattelart, A. (2010 [1976]), *Para ler o Pato Donald. Comunicação de Massas e Colonialismo*, Paz e Terra, São Paulo.
Dostoievski. F. M. (2006), *Memorias del subsuelo* (ed. y trad. Bela Martinova), Cátedra, Madrid.
Dubar, C. (2007), «Polyphonie et métamorphoses de la notion d'identité», en *Revue Française des Affaires Sociales*, n.º 2, pp. 11-25.
Dubet, F. (2011), *La experiencia sociológica*, Gedisa, Barcelona.
Du Bois-Raymond, M. (2000), «Trend-setters and other types of lifelong learners», en Alheit, P. *et al.* (eds.), *Lifelong Learning Inside and Outside Schools*, vol. 2, pp. 360-375, Roskild University, Roskilde.
— (1998), «'I Don't Want to Commit Myself Yet': Young People's Life Concepts», en *Journal of Youth Studies*, vol. 1, pp. 63-79.
Durkheim, É. (2007 [1987]), *Le Suicide*, PUF, París.
— (2003 [1912]), *Les Formes Élémentaires de la Vie Religieuse*, Presses Universitaires de France, París.
Eagleton, T. (1990), *The Ideology of the Aesthetic*, Basil Blackwell, Oxford.
Eco, U. (1990), *Obra abierta*, 3.ª ed. (trad. cast. Roser Berdagué Costa), Ariel, Barcelona.

— (1976), «La mythe de Superman», en *Communications*, n.º 24, pp. 24-40.
EES (varios años), *European Social Survey*: http://www.europeansocialsurvey.org/.
Ehrenberg, A (1995), *L'Individu incertain*, Calmann-Lévy, París.
Eisenstadt, S. N. (1976 [1956]), *De geração em geração*, Perspectiva, São Paulo.
Ericson, R. V. y Doyle, A. (eds.) (2003), *Risk and Morality*, University of Toronto Press, Toronto.
Erikson, E. (1982 [1977]), *Juego y desarrollo*, Crítica, Barcelona.
— et al. (1986), *Vital Involvement in Old Age*, W. W. Norton and Company, Nueva York.
Evetts, J. (2003), «The sociological analysis of professionalism: occupational change in the modern world», en *International Sociology*, vol. 18, n.º 2, pp. 395-415.
Falcão, R. (2016), *Apropriação de tecnologias de informação e comunicação no Senegal: sociabilidades jovens e valores sociais em crise*, tesis doctoral, ISCTE-IU, Lisboa.
Farrajota, M. (2008), «Noitadas Deprês & Bubas», en *Mercantologia #3*, Associação Chili com Carne, Cascais.
Feixa, C. (2014), *De la Generación@ a la #Generación. La juventud en la era digital*, NED Ediciones, Barcelona.
— (2008 [1998]), *De jóvenes, bandas y tribus*, Ariel, Barcelona.
— y Nofre, J. (eds.) (2013), *#Generación indignada. Topías y utopías del 15M*, Milenio Publicaciones, Lleida.
Fenton, S. y Dermott, E. (2006), «Fragmented Careers? Winners and Losers in Young Adult Labour Markets», en *Work, Employment and Society*, vol. 20, n.º 2, pp. 205-221.
Ferreira, A. M. (2005), *Fazer pela vida. Um retrato de Fernando Pessoa, o empreendedor*, Assírio & Alvim, Lisboa.
Ferry, L. (1990), *Homo Aestheticus*, Éditions Grasset et Fasquelle, París.
Florida, R. (2002), *The Rise of the Creative Class*, Basic Books, Londres.
Foracchi, M. M. (1982), *Mannheim*, Editora Ática, São Paulo.

Foucault, M. (1993), «On other spaces: utopias and heterotopias», en Ockman, J. (ed.), *Architecture Culture 1943-1968*, Rizzoli, Nueva York.
— (1975), *Surveiller et Punir*, Gallimard, París.
Franck, T. M. (1999), *The Empowered Self: Law and Society in the Age of Individualism*, Oxford University Press, Oxford.
Freidson, E. (2001), *Professionalism: The Third Logic*, Polity, Cambridge.
Freire, P. y Guimarães, S. (2003), *A África ensinando a gente. Angola, Guiné-Bissau, São Tomé e Príncipe*, Editora Paz e Terra, São Paulo.
Frosh, S. (2001), «Psychoanalysis, identity and citizenship», en Stevenson, N. (ed.), *Culture & Citizenship*, pp. 62-73, Sage, Londres.
Gagyi, J. (1999), «Man and land in the Székelyföld», en Felföldi, L. y Sándor, I, *Multicultural Europe: Illusion or Reality?*, European Centre for Tradicional Culture, Budapest.
Galeano, E. (2004), *Bocas del tiempo*, Siglo XXI Editores, Buenos Aires.
Galland, O. y Roudet, B. (2001), *Les Valeurs des Jeunes*, L'Harmattan, París.
Galvão, D. G. (2006), «Juventude e Fanzine: A Cartografia de uma prática subversiva», en Matos, K. S. L., Adad, S. J. H. C. y Ferreira, M. A. M. (eds.), *Jovens e crianças: outras imagens*, pp. 97-109, Edições UFC, Fortaleza.
Gálvez, P. y Fernández, N. (2008), *Egoístas, egocéntricos y exhibicionistas. La autobiografía en el cómic, una aproximación*, Semana Negra, Gijón.
García Márquez, G. (2007 [1967]), *Cien años de soledad*, Cátedra, Madrid.
García Sáez, C. (2016), *(Casi) Todo por hacer. Una mirada social y educativa sobre los Fab Labs y el movimiento maker*, Fundación Orange, Madrid.
Gelder, K. y Thornton, S. (1997), *The Subcultures Reader*, Routledge, Londres.
Gérôme, T. (2012), «Le soi cosmopolite. Cosmopolitisme et conscience de soi chez Simmel et Mead», en *Cahiers philosophiques*, n.º 128, pp. 59-70.

Gersão, T. (2014), *A árvore das palavras*, Sextante Editora, Lisboa.
Gibbs, J. C. (2010), *Moral development and reality: Beyond the theories of Kohlberg and Hoffman*, Pearson Allyn & Bacon, Boston.
Giddens, A. (1997), *Modernidad e identidad del yo* (trad. cast. José Luis Gil Aristu), Península, Barcelona.
Gil, J. (2005), *Portugal, hoje. O medo de existir*, Relógio D'Água Editores, Lisboa.
Gimbernat, J. A. (1983), *Ernst Bloch. Utopía y esperanza*, Cátedra, Madrid.
Gledhill, J. (2000), *El poder y sus disfraces. Perspectivas antropológicas de la política*, Bellaterra, Barcelona.
Goleman, D. (1998), *Working with emotional intelligence*, Bantum Books, Nueva York.
Gordon, I. (1998), *Comics Strips and Consumer Culture 1890-1945*, Smithsonian Institution Press, Londres.
Granovetter, M. (1995), *Getting a Job. A Study of Contacts and Careers*, University of Chicago Press, Chicago.
— (1973), «The Strength of Weak Ties», en *American Journal of Sociology*, vol. 78, pp. 1360-1380.
Groensteen, T. (2007 [1999]), *The System of Comics*, The University Press of Mississippi, Jackson.
Gruber, J. G. (ed.) (1997), *O livro das árvores*, Organização Geral dos Professores Ticuna Bilíngues, Benjamin Constant, Amazonas.
Guattari, F. (1996 [1992]), *Caosmosis*, Ediciones Manantial, Buenos Aires.
— (1986), *Questionnaire: Answer*, Zone 1/2, Nueva York.
Gupta, A. y Ferguson, J. (1997), *Anthropological Locations*, University of California, Berkeley.
Gurr, T. (1970), *Why Men Rebel?*, Princeton University Press, Princeton.
Haenfler, R. (2004), «Rethinking subcultural resistance», *Journal of Contemporary Ethnography*, vol. 33, n.º 4, pp. 406-436.
Hannerz, U. (2005), *Transnational Locations*, University of California, Berkeley.
Harvey, D. (1990), *The condition of postmodernity: an enquiry into the origins of the cultural change*, Oxford: Blackwell.

Hatch, M. (2013), *The maker movemet Manifesto: Rules for innovation in the new world of crafters, hackers, and tinkerers*, McGraw-Hill Education, Nueva York.

Heidegger, M. (1993 [1927]), *El ser y el tiempo*, Fondo de Cultura Económica, Madrid.

Henderson, S., Holland, J. y McGrellis, S. (2007), *Inventing Adulthoods: A Biographical Approach to Youth Transitions*, Sage, Londres.

Honneth, A. (1997), *La lucha por el reconocimiento: por una gramática moral de los conflictos* (trad. cast. Manuel Ballestero), Crítica, Barcelona.

Hugo, V. (1909 [1832]), *Oeuvres Complètes. Poesies*, tomo II (Les chants du crépuscule. Les voix intérieures. Les rayons et les ombres), Ollendorf, París.

Hutchby, I. y Moran-Ellis, J. (eds.) (2001), *Children, Technology and Culture: The Impacts of Technologies in Children's Everyday Lives*, Routledge, Londres.

INE (2012), *Resultados provisórios dos censos 2011*, Instituto Nacional de Estadística, Lisboa.

Irigaracy, L. (2000), *Democracy Begins Between Two*, Athlone Press, Londres.

Isabelinho, D. (2011), «Para além de extraterrestres mutantes e heróis: a face oculta da Banda Desenhada», en Moura, P. V., *Tinta dos Nervos. Banda Desenhada Portuguesa*, pp. 73-83, Museu Colecção Berardo, Lisboa.

James, W. (1988), *Principles of Psychology*, vol. II, Harvard University Press, Cambridge.

Jameson, F. (1991), *Postmodernism, or the cultural logic of late capitalism*, Duke University Press, Durham.

Jeffs, T. y Smith, M. K. (1999), «The problem of "youth" for youth work», en *Youth and Policy*, vol. 62, pp. 45-66.

Jelín, E. (ed.) (1996), «¿Ciudadanía emergente o exclusión? Movimientos sociales y ONG en América Latina en los años 90», en *Revista Sociedad*, n.º 8, pp. 57-81.

Johnson, S. (2003), *Sistemas emergentes: o qué tienen en común hormigas, neuronas, ciudades y software* (trad. cast. María Florencia Ferré), Turner, Madrid.

Karnoouj, C. (1990), *L'Invention du Peuple. Chronique de Roumaine*, Arcantère, París.

Kay, J. (2011), *Obliquidade. Por que razão alcançamos os nossos objectivos mais facilmente de modo indirecto*, Estrela Polar, Alfragide.

Klandermans, B. (1984), «Mobilization and Participation: Social Psychological Expansion of Resource Mobilization Theory», en *American Sociological Review*, vol. 49, pp. 583-600.

Koselleck, R. (1990), *Le futur passé. Contribution à la semantique des temps historiques*, Éditions de l'École des Hautes Études en Sciences Sociales, París.

Laín Entralgo, P. (1978), *Antropología de la esperanza*, Labor, Barcelona.

Lalive d'Epinay, C. y Spini, D. (eds.) (2008), *Les années fragiles. La vie au-delà de quatre-vingts ans*, Presses de l'Universitaire Laval, Quebec.

Lallement, M. y Ramos, J.-M. (2010), «Réinventer le temps», en *Temporalités*, Revue de Sciences Sociales et Humaines. Recuperado de: http://journals.openedition.org/temporalites/1315.

Landow, G. P. (1995), *Hipertexto. La convergencia de la crítica contemporánea y la tecnología*, Paidós, Barcelona.

Lanham, R. A. (1993), *The Electronic World: Democracy, Technology and the Arts*, University of Chicago Press, Chicago.

Laplantine, F. (2009), *Las tres voces de la imaginación colectiva*, Gedisa, Barcelona.

Lauritzen, P., Forbrig, J. y Hoskins, B. (2004), *What About Youth Political Participation?*, Éditions du Conseil de l'Europe, Estrasburgo.

Lefevre, H. (1968 [1966]), *A linguagem e a sociedade*, Editora Ulisseia, Lisboa.

Lepetit, B. (dir.) (1995), *Les formes de l'expérience. Une autre histoire social*, Albin Michel, París.

Leria, F. J. (2017), «Incorporación de la orientación contemplativa en la práctica educativa del siglo XXI», en *REICE. Revista Iberoamericana sobre Calidad, Eficacia y Cambio en Educación*, vol. 15, n.º 4, pp. 67-85. Recuperado de: https://dx.doi.org/10.15366/reice2017.15.4.004.

Lévi-Strauss, C. (1958), *Anthropologie Structural*, Plon, París.

Lipovetsky, G. (1987), *L'empire de l'éphémère: la mode et son destin dans les sociétés modernes*, Gallimard, París.

Louage, Y. (2002), «L'âge, facteur aggravant de l'exclusion», en *Gérontologie et Société*, n.º 102, pp. 183-192.

Luhmann, N. (2006 [1991]), *Sociología del riesgo*, Universidad Iberoamericana, México D.F.

Mannheim, K. (1990 [1928]), *Le Problème des Générations*, Nathan, París.

— (1980 [1922-1924]), *Structures of Thinking*, Routledge & Kegan Paul, Londres.

— (1946 [1943]), *Diagnóstico de nuestro tiempo*, Fondo de Cultura Económica, México D.F.

Manyika, J., Lund, S. et al. (2016), *Independent work: Choice, necessity, and the gig economy*, McKinsey Global Institute.

Marín, M. y Muñoz, G. (2002), *Secretos de mutantes*, Siglo del Hombre Editores, Bogotá.

Marramao, G. (2011), *La pasión del presente. Breve léxico de la modernidad-mundo*, Gedisa, Barcelona.

Marshall, T. H. y Bottomore, T. (1992), *Citizenship and Social Class*, Pluto Press, Londres.

Marte (argumento) y Fazenda, J. (dibujos) (2001), *Loverboy. A Faculdade são Dois ou Três Livros*, Edições Polvo, Lisboa.

Martín-Barbero, J. (2008), «A mudança na percepção da juventude: sociabilidades, tecnicidades e subjetividades entre os jovens», en Borelli, S. H. S. y Filho, J. F. (eds.), *Culturas juvenis no século XXI*, pp. 9- 32, EDUC, São Paulo.

— (2000), «Desafios culturais da comunicação à educação», en *Revista Comunicação & Educação*, n.º 18, pp. 51-61.

Martins, J. de S. (2004a), «Para compreender e temer a exclusão social», en *Vida pastoral*, XLV, n.º 239, noviembre-diciembre, pp. 3-9.

— (2004b), «A dupla linguagem na cultura caipira», en Pais, J. M. *et al.* (eds.), *Sonoridades luso-afro-brasileiras*, pp. 189-226, Imprensa de Ciências Sociais, Lisboa.

Martuccelli, D. (2007), *Gramáticas del Individuo*, Losada, Buenos Aires.

Mbembe, A. (1995), «Figures of the Subject in Times of Crisis», en *Public Culture*, vol. 7, n.º 2, pp. 323-352.
McCaughey, M. y Ayers, M. D. (2003), *Cyberactivism: Online Activisme in Theory and Practice*, Routledge, Londres.
McCloud, S. (2000), *Reinventing Comics. How Imagination and Technology are Revolutionizing an Art Form*, Perennial, Nueva York.
— (1993), *Understanding Comics. The Invisible Art*, Harper Collins Publishers, Nueva York.
McKinlay, A. y Smith, C. (eds.) (2009), *Creative Labour. Working in the Creative Industries*, Palgrave Macmillan, Nueva York.
Melucci, A. (2001), *A invenção do presente. Movimentos sociais nas sociedades complexas*, Editora Vozes, Petrópolis.
— (1996), *Challenging Codes. Collective Action in the Information Age*, Cambridge University Press, Cambridge.
— (1989), *Nomads of the Present: Social Movements and Individual Needs in Contemporary Society*, Temple University Press, Filadelfia.
— (1985), «The Symbolic Challenge of Contemporary Movements», en *Social Research*, vol. 52, n.º 4, pp. 789-816.
Menser, M. (1996), «Becoming-heterarch: on technocultural theory, minor science, and the production of space», en Aronowitz, S. *et al.* (eds.) (1996), *Technoscience and Cyberculture*, Routledge, Nueva York.
Merleau-Ponty, M. (1984), *Fenomenología de la percepción*, Península, Barcelona.
Merton, R. K. (1968 [1949]), *Social Theory and Social Structure*, The Free Pres, Londres.
Metton, C. (2010), «L'Autonomie relationelle», en *Ethnologie Française*, XL, pp. 101-107.
Mihâilescu, V. (1995), «Le bloc 311. Résidence et sociabilité dans un immeuble d'appartements sociaux à Bucarest», en *Ethnologie Française*, XXV, pp. 489-496.
Miller, A. (2007), *Reading Bande Dessinée. Critical Approches to French-Language Comic Strip*, Intellect, Chicago.
Moliterni, C. (1967), *Bande Dessinée et Figuration Narrative*, Musée des Arts Decoratifs, Palais du Louvre, París.

Morán, M. L. y Mosteyrín, L. F. (2017), «Imagining the future in a difficult present: storylines from Spanish youth», en *Contemporary Social Science*, vol. 12, n.ᵒˢ 3-4, pp. 347-360. Recuperado de: http://dx.doi.org/10.1080/21582041.2017.1372620. Acceso el 10 de marzo de 2019.

Mortimer, J. T. y Shanahan, M. J. (eds.) (2006), *Handbook of Life Course*, Springer, Nueva York.

Moura, P. V. (2011), *Tinta dos Nervos. Banda Desenhada Portuguesa*, Museu Colecção Berardo, Lisboa.

Muggleton, D. (2000), *Inside Subculture: The Postmodern Meaning of Style*, Berg, Oxford.

Mythen, G. (2005), «Employment, individualization and Insecurity», en *Sociological Review*, vol. 53, n.º 1, pp. 129-149.

Nachez, M., y Schmoll, P. (2003/2004), «Violence et sociabilité dans les jeux vidéo en ligne», en *Sociétés*, 82, pp. 6-16.

National Report on Education for All (1997), Ministry of National Education, Institute of Educational Sciences, Bucarest.

Negrin, L. (1999), «The self as image: a critical appraisal of postmodern theories of fashion», *Theory, Culture and Society*, vol. 16, n.º 3, pp. 99-118.

Negus, K. y Pickering, M. (2002), «Creativity and musical experience», en Hesmondhalgh, D. y Negus, K., *Popular Music Studies*, pp. 178-190, Arnold Publication, Londres.

— (2000), «Creativity and cultural production», en *International Journal of Cultural Policy*, vol. 6, n.º 2, pp. 259-282.

O'Connon, J. (2007), *The Culture and Creative Industries. A Review of the Literature*, Arts Council of Great Britain, Londres.

Pais, J. M. (2018), «A simbologia dos apelidos na vida cotidiana escolar», en *Educação & Realidade*, vol. 43, n.º 3, julio-septiembre, pp. 909-928. Recuperado de: http://www.scielo.br/pdf/edreal/v43n3/2175-6236-edreal-43-03-909.pdf.

— (2016), «Tessituras do tempo na contemporaneidade», en *Revista ArtCultura*, vol. 18, n.º 33, julio-diciembre, pp. 7-18. Recuperado de: http://dx.doi.org/10.14393/ArtC-V18n33-2016-2-01.

- (2012), «Convivialidade familiar: das regras aos conflitos», en Pais, J. M., *Sexualidade e afetos juvenis*, Imprensa de Ciências Sociais, Lisboa.
- (2010), *Lufa-lufa quotidiana. Ensaios sobre cidade, cultura e vida urbana*, Imprensa de Ciências Sociais, Lisboa.
- (2008), «Máscaras, jovens e "escolas do diabo"», en *Revista Brasileira de Educação*, vol. 13, n.º 37, pp. 7-21. Recuperado de: https://dx.doi.org/10.1590/S1413-24782008000100002.
- (2007), *Chollos, chapuzas, changas. Jóvenes, trabajo precario y futuro*, Anthropos, Barcelona.
- (2006), «Afetos virtuais: em busca de conexão», en Pais, J. M., *Nos rastos da solidão. Deambulações sociológicas*, Âmbar, Oporto.
- (2004a), «Los bailes de la memoria: cuando el futuro es incierto», en *Jóvenes, Revista de Estudios sobre Juventud*, n.º 20, enero-junio de 2004, pp. 74-95.
- (2004b), «Jovens, bandas musicais e revivalismos tribais», en Pais, J. M. y Blass, L. M. S., *Tribos urbanas: Produção artística e identidades*, pp. 23-55, Imprensa de Ciências Sociais, Lisboa.
- (1999), *Consciência Histórica e Identidade: Os jovens portugueses num contexto europeu*, SEJ/ Celta, Oeiras.
- (1993), *Culturas juvenis*, Imprensa de Ciências Sociais, Lisboa.
- (1993), «Aventuras, desventuras e amores na ilha de Santa Maria dos Açores», en *Análise Social*, XXVIII (123-124), pp. 1011-1041.
- et al. (2000), *Atitudes e práticas religiosas dos portugueses*, Imprensa de Ciências Sociais, Lisboa.
- y Blass, L. M. S. (2004), *Tribos urbanas: Produção artística e identidades*, Imprensa de Ciências Sociais, Lisboa.
- y Ferreira, V. S. (eds.) (2010), *Tempos e transições de vida: Portugal ao espelho da Europa*, Imprensa de Ciências Sociais, Lisboa.
- y Pereira, C. R. (2016), *Os jovens portugueses no contexto da Ibero-América*, Imprensa de Ciências Sociais, Lisboa.
- y Villaverde, M. (eds.) (2004), *Condutas de risco, práticas culturais e atitudes perante o corpo. Inquérito aos jovens portugueses*, Celta Editora, Oeiras.

Park, E. R. (1999 [1923]), «El espíritu del hobo: reflexiones sobre la relación entre mentalidad y movilidad», en Park, E. R., *La ciudad y otros ensayos de ecología urbana*, Ediciones del Serbal, Barcelona.

Paz, O. (1991), *Conjunciones y disjunciones*, Seix Barral, Barcelona.

Pessoa, F. (1978 [1920]), *Cartas de amor*, eds. David Mourão-Ferreira y Maria da Graça Queiroz, Edições Ática, Lisboa.

Pickering, M. (2004), «Experience as horizon. Koselleck, expectation and historical time», en *Cultural Studies*, vol. 18, n.º 2/3, marzo-mayo, pp. 271-289.

Pierre-Michel, M. (2009), *Le Travail Créateur. S'Accomplir dans l'Incertain*, Gallimard, París.

— (2005), *Profession Artiste. Extension du Domaine de la Création*, Textuel, París.

— (2002), *Portrait de l'Artiste en Travailleur. Métamorphoses du Capitalisme*, Le Seuil, París.

Pina, F. y Andrade, F. (2009), *BRK*, vol. 1, Edições ASA, Oporto.

Pires, R. P. (2003), *Migrações e integração*, Celta, Oeiras.

Plummer, K. (2003), *Intimate Citizenship: Private Decisions and Public Dialogues*, University of Washington Press, Seatle.

Polanyi, M. (1983), *The Tacit Dimension*, Peter Smith, Gloucester.

Postman, N. (1983), *The Disappearance of Childhood*, W. H. Allen, Londres.

Rapport, N. (2012), «The Cosmopolitan Movement of the Global Guest», en Hazan, H. y Hertzog, E. (eds.), *Serendipity in Anthropological Research: The Nomadic Turn*, pp. 199-212, Ashgate, Farnham y Burlington.

Rector, M. (1994), *A fala dos jovens*, Vozes, Petrópolis.

Reguillo, R. (2017), *Paisajes insurrectos. Jóvenes, redes y revuelta en el otoño civilizatorio*, NED Ediciones, Barcelona.

— (2004), «La performatividad de las culturas juveniles», en *Revista de Estudios de Juventud*, vol. 64, pp. 49-56.

Renard, J.-B. (1981[1978]), *A banda desenhada*, Editorial Presença, Lisboa.

Reynolds, S. (1998), *Energy Flash: A Journey through Rave Music and Dance Culture*, Picador, Londres.

Rhode, B. (1993), «Brain drain, brain gain, brain waste: reflexions on the the emigration of highly educated and scientific personnel from Eastern Europe», en King, R. (ed.), *The New Geography of European Migrations*, pp. 228-245, Belhaven Press, Londres.

Ricoeur, P. (1990), *Soi-même Comme un Autre*, Seuil, París.

Romania National Youth Policy (2000), European Steering Committee for Youth (CDEJ), Consejo de Europa, Budapest.

Rosa, H. (2013), *Social Acceleration: a new theory of modernity*, Columbia University Press, Nueva York.

Rosaldo, R. (1994), «Cultural citizenship and educational democracy», en *Cultural Anthropology*, vol. 9, n.º 3, pp. 402-411.

Ruiz, M. L. P. (coord.) (2008), *Jóvenes indígenas y globalización en América Latina*, Instituto Nacional de Antropología e Historia, México D.F.

Rushkoff, D. (1997), *Children of Chaos. Surviving the end of the world as we know it*, Flamingo, Londres.

Russell, S. y Norcig, P. (1995), *Artificial Intelligence: A Modern Approach*, Prentice Hall, Nueva Jersey.

Sandoval, J. (2003), «Ciudadanía y juventud: el dilema entre la integración social y la diversidad cultural», en *Última Década*, 19, Viña del Mar.

Santos, H., Dona, N. y Cardoso, A, (2006), *Práticas na Banda Desenhada. Os Visitantes do 16º Festival Internacional de Banda Desenhada da Amadora*, Edições Afrontamento, Oporto.

Saturnino, R. F. (2015), *A política dos piratas. Informação, culturas digitais e identidades políticas*, Tese de dissertação de doutorado policopiada, Instituto de Ciências Sociais da Universidade de Lisboa, Lisboa.

Saunders, N. (1995), *Ecstasy and the Dance Culture*, Saunders, Nueva York.

Schaeffer, J.-M. (1997), «Originalité et expression de soi. Éléments pour une généalogie de la figure modern de l'artiste», en *Communications*, vol. 64, n.º 1, pp. 89-115.

Scheler, M. (2004), *Nature et formes de la sympathie. Contribution à l'étude des lois de la vie affective*, Payot, París.

Schmalenbach, H. (1922), «Die Sociologische Kategorie des Bundes», en *Die Dioskuren*, n.º 1, cit. por Flaquer, L. y Giner, S. (1979 [1887]) en el prólogo a la edición castellana de Ferdinand Tönnies, *Comunidad y asociación*, Península, Barcelona.

Schütz, A. (1962), *Collected Papers I: The Problem of Social Reality*, Martinus Nijhoff, La Haya.

— (1964), *Collected Papers II: Studies in Social Theory*, Martinus Nijhoff, La Haya.

— (1944), «The Stranger: an Essay in Social Psychology», en *The American Journal of Sociology*, vol. 49, n.º 6, pp. 499-507.

Sennett, R. (2009), *El artesano*, Anagrama, Barcelona.

Shirky, C. (2010), *Cognitive surplus: Creativity and generosity in a connected age*, Penguin Books, Londres.

Simmel, G. (1998 [1901]), *El individuo y la libertad*, Península, Barcelona.

— (1977 [1908]), *Sociología. Estudios sobre las Formas de Socialización*, 2 vol., Revista de Occidente, Madrid.

Simões, J. G. (1980 [1950]), *Vida e obra de Fernando Pessoa, História duma geração*, 2 vol., Livraria Bertrand, Lisboa.

Smelser, J. N. (1963), *Theory of Collective Behavior*, The Free Press of Glencoe, Nueva York.

Soja, E. W. (1989), *Postmodern Geographies*, Verso, Londres.

Standing, G. (2013), *El precariado. Una nueva clase social*, Pasado y Presente, Barcelona.

Stevenson, N. (ed.) (2003), *Cultural Citizenship: Cosmopolitan Questions*, Open University Press, Glasgow.

— (ed.) (2001), *Culture & Citizenship*, Sage, Londres.

Stiglitz, J. E. (2015), *La gran brecha: qué hacer con las sociedades desiguales*, Taurus, Madrid.

Tarde, G. (2007 [1895]), *Monadologia e Sociologia*, Cosac Nayfy, São Paulo.

Tarrius, A. (2000), *Les Nouveaux Cosmopolitismes: mobilités, identités, territoires*, Éditions de l'Aube, La Tour-d'Aigues.

Tarrow, S. (1994), *Power in Movement*, Cambridge University Press, Cambridge.
Thierry, X. (1999), «Risques de mortalité et de surmortalité au cours des premières années de veuvage», en *Population*, n.ᵒˢ 3-4, pp. 177-204.
Thomas, M. F. (1999), *The Empowered Self: Law and Society in the Age of Individualism*, Oxford University Press, Oxford.
Tilly, C. (2005), *Identities, Boundaries and Social Ties*, Paradigm Publish, Londres.
Torán, M. M. (2016), «¿Por qué tienen tanta aceptación los espacios *maker* entre los jóvenes?», en *Cuadernos de Investigación en Juventud*, n.º 1, julio.
Torre, R. R. (2014), «Atemporalización y presentificación del mundo social en la sociología contemporánea», en *Política y Sociedad*, vol. 51, n.º 1, pp. 147-176.
Touraine, A. (1985), «An Introduction to the Study of Social Movements», en *Social Research*, vol. 52, pp. 749-787.
Townsend, P. (1987), «Deprivation», en *Journal of Social Policy*, vol. 16, n.º 2, pp. 125-146.
Turkle, S. (2012), *Alone Together. Why we expect more from technology and less from each other*, Basis Books, Nueva York.
Turner, V. (1981), *La selva de los símbolos*, Siglo XXI, Madrid.
Unda, R. (2011), «Formas asociativas juveniles: apuntes para un trabajo etnográfico», en González, G. M. (ed.), *Jóvenes, Culturas y Poderes*, pp. 221-227, Siglo del Hombre Editores, Universidad de Manizales, Bogotá.
Urry, J. (2016), *What is the future?*, Polity, Cambridge.
— (2000), «Global flows and global citizenship», en Isin, E. F. (ed.), *Democracy, Citizenship and the Global City*, Routledge, Londres.
Van de Velde, C. (2011), «Indignés: les raisons de la colère», en *Revue Cités*, n.ᵒˢ 47-48, pp. 283-287.
Varbanov, V. (2002), «Bulgaria: mobile phones as post-communist cultural icons», en Katz, J. E. y Aakhus, M., *Perpetual Contact. Mobile Communication, Private Talk, Public Performance*, pp. 126-136, Cambridge University Press, Cambridge.

Varillas, R. (2009), *La arquitectura de las viñetas. Texto y discurso en el cómic*, Viaje a Bizancio Ediciones, Sevilla.

Varnum, R. y Gibbons, C. T. (2001), *The Language of Comics. Word and Image*, The University Press of Mississippi, Jackson.

Vianna, H. (1997), *Galeras cariocas: territórios de conflitos e encontros culturais*, Editora UFRJ, Río de Janeiro.

Vieira, J. M. y Gamundi, P. M. (2010), «Transición a la vida adulta en España: una comparación en el tiempo y en el territorio utilizando el análisis de entropía», en *Revista Española de Investigaciones Sociológicas (Reis)*, n.º 131, pp. 75-107.

Vigh, H. (2009), «Wayward migration: on imagined futures and technological voids», en *Ethnos*, vol. 74, n.º 1, pp. 91-109.

— (2008), «Crisis and chronicity: Anthropological Perspectives on Continuous Conflict and Decline», en *Ethnos*, vol. 73, n.º 1, pp. 5-24.

— (2006), *Navigating terrains of war: Youth and soldiering in Guinea-Bissau*, Berghahn Books, Oxford.

Virilio, P. (1997), *El cibermundo: la política de lo peor* (trad. cast. Mónica Poole), Cátedra, Madrid.

Vommaro, P. y Daza, A. G. (2017), «Jóvenes en territorio. Política y espacialidad colectiva en barrios del sur del Gran Buenos Aires entre los años ochenta y la actualidad», en Vázquez, M. *et al.* (eds.), *Militancias juveniles: Trayectorias, espacios y figuras de activismo*, Ediciones Imago Mundi, Buenos Aires.

Willard, M. N. (1998), «Seance, tricknowlogy, skateboarding and space of youth», en Austin, J. y Willard, M. N. (eds.), *Generations of Youth: Youth Cultures and History in Twentieth-Century America*, pp. 327-346, New York University Press, Nueva York.

Wolk, D. (2007), *Reading Comics and What they Mean*, Da Capo Press, Cambridge.

Wooden, W. S. y Blazak, R. (2001), *Renegade Kids, Suburban Outlaws: From Youth Culture to Delinquency*, Wadsworth, Belmont.

Woodman, D. (2011), «Young people and the future: multiple temporal orientations shaped in orientations with significant others», en *Young*, vol. 19, n.º 2, pp. 111-128.

Wunder, A. y Villela, A. (2017), «(In)visibilidades e poéticas indígenas na escola: Atravessamentos imagéticos», en *Teias*, vol. XVIII, n.º 51, octubre-diciembre, pp. 14-32.

Zebadúa, J. P. C. (2009), *Culturas juveniles en contextos globales. Cambio y construcción identitaria*, Universidad Veracruzana, México D.F.

Zenith, R. (2008), *Fotobiografias Século XX: Fernando Pessoa*, Círculo de Leitores, Lisboa.

— (2003), *Escritos autobiográficos, automáticos e de reflexão pessoal*, Assírio & Alvim, Lisboa.

Zink, R. (1999), *Literatura Gráfica? Banda desenhada portuguesa contemporânea*, Celta, Oeiras.

Zukin, S. (1995), *The Cultures of Cities*, Blackwell, Oxford.

Periódicos y revistas

Clobo, 18 de junio de 2005.

Jornal de Notícias, 8 de abril de 2011.

PM Communications Reporting (Sunday Telegraph by PM Communications), 12 de marzo de 2000.

The Economist, vol. 428, n.º 9099, julio de 2018.

Páginas web de jóvenes entrevistados (activas en la fecha de publicación del libro)

Filipe Andrade: www.filipeandradeart.blogspot.com

Joana Afonso: www.jusketching.blogspot.com

João Fazenda: www.joaofazenda.com

Marcos Farrajota: chilicomcarne.com; mesinha-de-cabeceira.blogspot.com

Pedro Manaças: http://manaturas.blogspot.com

Ricardo Reis: www.ricardoreis.deviantart.com

Ricardo Venâncio: www.2depaus.blogspot.com; https://www.facebook.com/RicardoVenancioArte

Sónia Carmo: http://soniacarmo.deviantart.com

Otras páginas (activas en la fecha de publicación del libro)

http://divulgandobd.blogspot.com/

http://www.lazybeggers.com
https://www.youtube.com/watch?v=crvjxfkvBEE
http://molengeek.com/
http://sports.vice.com/es_mx/article/kbmv8a/a-molenbeek-le-foot-est-une-lueur-despoir
http://es.euronews.com/2017/06/30/molengeek-una-incubadora-de-ideas-en-molenbeek

CD
General D (*rapper*), *Ekos do Passado*, Kanimambo, 1997, Lisboa.